フランスで大人気の

三才ブックス

プロローグ

いま、なぜ日本料理なのか？

「健康」を強く意識した、いわゆる日本食ブームはすでに過ぎていて、日本料理はすっかり生活に定着している――。

私は仕事でフランスに行くたびに、こう感じます。

フランスでは、日本料理についての講演のほか、実演やマナー教室などをさせていただいておりますが、いつも定員オーバーで、立ち見が出るほど盛況です。フランス人の日本料理に対する関心の高さにはいつも驚かされます。

●「いただきます」や「ごちそうさま」と言うのはなぜ？　宗教上の理由？

●なぜ、「お造り」や「お刺身」と呼ぶの？　なぜ、お造りには、大根、大葉、山葵（わさび）、菊の花などがのっているの？　それは食べるもの？　飾り？

●日本料理って、食べる順番は決まっているの？

●河豚（フグ）を使っているのに「河豚鍋」と言わず「てっちり」と呼ぶのはなぜ？
●鮨は手で食べるもの？
●食べるときに持ってもよい器と持ってはいけない器はどうやって区別するの？

フランスでは、こんなするどい質問が次々とやってきます。ときにはハッとすることもあり、逆に私が教えて頂くこともあります。日本料理の「由来」「いわれ」「マナー」について、みんな興味津々です。

一方で、日本では、同じような講演をしても質問されることはあまりありません。日本人は、どちらかというと、フランス料理やワインに対して興味があり、また実際によく知っている方も多くいらっしゃいます。ところが、日本料理については、日本人より外国人の方が関心が高いように感じます。私は、そのことに危機感を覚えるのです。

例えば、先ほど挙げたフランス人からの質問に、みなさんは答えることができるでしょうか？

日本の先人たちが1000年以上前から「子孫が健康で少しでも長生きできるよう

に」と伝えてきた日本の食文化を、日本人である私たちが知らず、しかも知ろうともせず、外国人の方がはるかに興味を示しているのが現実です。

世界に誇れる日本の食文化を、私たちの世代で消してしまってはいけません。だからこそ、多くの日本人に、日本の食文化について知っていただきたいと考えています。そのうえで、次の世代にはもちろん、世界中の方に日本の食文化の素晴らしさを伝えていってもらいたいと願っています。

日本の食文化を絶滅させてはいけない日本料理の伝承は私たち料理人の使命

私は年に200回以上、日本の全国各地で、食育講演や食育をテーマにした日本料理教室を開催しています。そこで、食について真剣に考えている多くの女性たちと出会います。子どもを持つお母さん、結婚を考えている若い女性、子どもが手を離れてこれからの人生を元気で長生きしようとする中高齢の女性などです。台所に立つことの多い女性が、食について関心を持つことはとてもよいことです。食は命の薬です。

それと同時に、テレビやインターネットなどでは、食に関するさまざまな情報が飛び交い〝情報飽和の状態〟でもあります。そのため、多くの方が「何が本当なのか？」と、混乱しているようにも感じます。

文部科学省や農林水産省が「食育」を掲げるようになり、学校からの食育についての出前授業の依頼も少なくありません。ですが、私はいつも、学校関係者の方にこのように伝えています。

「子どもたちに食育を教えることは大切です。ただ、学校から帰ってきたら食卓に晩ご飯が並んでいて、たとえ子どもが今日のご飯は身体に悪そう……と感じたとしても、現実にはそれを食べないという選択はできません。子どもたちは、目の前に出されたものを食べることしかできないのです。ですから、順番で言えば、まずは保護者に食育を伝えるべきなのです」

台所に立つ保護者の方の食に対する意識が高ければ、家族全員を守ることができます。世界中どこを見ても、家族の関心の中心は「健康」です。ＢＩＯ（有機、オーガニック）であったり、無添加も当たり前になってきており、「安ければよい」という時代は終わりつつあります。

そんななか、世界中から日本料理が注目されているのは、「私たちの子孫が健康で長生きできるように」と伝えられてきた食文化でもあるからです。日本料理は一時的なブームではなく、世界各地の食生活に浸透していると言ってもよいでしょう。

ですが、肝腎要(かんじんかなめ)の日本人が、日本の食文化についてあまりにも知らな過ぎることに、私は気づいたのです。料理人として先人たちに対して申し訳ないと感じると同時に、これまで受け継がれてきた食文化が、このままでは途絶えてしまうのではないかと切迫した危機感を覚えます。

「和食」が無形文化遺産に登録されたのも、ある意味、「絶滅しそうだから、保護する必要がある」と、とることができるかもしれません。

これまで日本の食文化は、お爺ちゃんやお婆ちゃんが、子どもたちや孫たちに伝承していました。その形が変わってきたのは戦後あたりからです。

核家族化が進み、女性が社会に出て忙しくなることで食文化の伝承が途絶え、加えて、食の欧米化にともなって、「簡単で、美味しくて、お腹がふくれ、見栄えがいいもの」が重視される世の中になってきました。

これは時代の流れでもあるのですが、先人たちが伝えてくれた食文化を、このまま私たちの世代でなくしてしまってもよいのでしょうか。

私たち日本料理の料理人は、日本の食文化の伝承者でもあります。ですので、日本の食文化に込められている意味なども含めて、まずは日本人にこそ伝えるべきだと強く感じているのです。

最高の料理を作ったとしてもまだ半分 満点には感謝と喜ばせたい気持ちも必要

各地で行っている「仕事とは何か?」「何のために仕事をするのか?」についての出前授業で、小学生、中学生、高校生、ときには大学生に、私はこんなことを伝えています。

「仕事は誰かのためになっているもの。誰かのためになっているということは、誰かを喜ばせているということ。誰かを喜ばせると自分も嬉しくなる。たくさんの人を喜ばせる、つまり喜ばせるプロになれば、それだけたくさんの収入も入ってくる」

「完璧な人間はいないから、悪いところを探すのではなく、いいところを探してあげよう。そこをみんなで褒めてあげれば、みんなが嬉しい」

この出前授業の延長として「多くの方を喜ばせるには？」をテーマに、1日限りの「高校生レストラン」をプロデュースしています。

高校生レストランとは、鹿児島県内のいくつかの高校で、私が中心となってプロデュースしている実践型の授業です。実際に高校生に〝たった1日だけのレストラン〟をやってもらうのです。クルーズ船のお客さんや地元の方を呼んで、実際に召し上がってもらいます。

この1日のために、子どもたちは半年ほどかけて真剣に考え、準備をします。まず、調理チームとサービスチームに分かれ、調理チームは地域の一次産業をまわって、この時期にどんな食材があるか調査します。この調査を通じて、「自分が生活している地域に、こんなにすごい食材があることを初めて知った」と、子どもたちの郷土愛が深まっていくのがわかります。サービスチームは「入口、店内、テーブルの上などに、どんな飾りをすると喜んでもらえるか？」「どんな接客をすると、お客様に喜んでもらえるか？」「どうやれば、美味しい状態でお客様のところにスムーズに配膳できて喜んでもらえるか？」などを、意見を出し合って考えていきます。

この際、私が大事にしているのは飲食の原点です。「お客様は、わざわざ時間を割いて来ている」という点を常に忘れないようにしてもらいます。

お客様が満足して喜んで帰るのが10点満点だとします。

その方々に最高に喜んでもらうために、調理チームは、生産者に感謝をしながら仕込みをして、最高の料理を作ります。それでもまだ半分の5点です。残りの5点は、サービスチームによる感謝と喜ばせたいという気持ちのおもてなし。心からおもてなしをすることで、店内の空気がよくなり、お客様もそれを感じて、より満足してもらえるようになるのです。

高校生レストランに参加した多くの子どもたちが「お客様にあんなに喜んでもらえてものすごく嬉しいです。仕事って楽しいです。早く仕事がしたいです」と言ってくれます。

私は、いつもそこで号泣してしまいます。毎回ですが、教えるつもりが、いろんなことを子どもたちから学びます。

余談になりますが、子どもが減るなか、みんなが都市部の高校に行ってしまうと、地方の高校は定員割れになり、やがては廃校になってしまいます。高校生レストランは、それを食い止めるひとつの方策でもあります。マスコミに取り上げてもらい、それをきっかけに中学生に「地元の高校に行きたい」と感じてもらうのも目的のひとつなのです。実際そうやって入学してきた高校生も少なくありません。

さて、フランスで日本料理のマナーを教えているときに、箸を上手に使うフランス人を見ていると、私は強い危機感を覚えます。というのも、日本で親子料理教室をしてみるとわかるのですが、箸を正しく持てる子どもが少しずつ減っているからです。そして改めて見ると、横にいる母親も同じく間違った持ち方をしていることがとても多いのです。

私たちが学生だったころは、社会に出たときに恥をかかないようにと、フランス料理のマナーなどを習ったものです。いまではフランスの進学校では、箸の持ち方など日本料理のマナーも授業で教えているそうです。彼らが目指すエリートと呼ばれるビジネスマンの条件として、接待などで日本料理の会席料理を食べる際に箸が正しく持てないのは論外だからだそうです。

ですので、私たち日本人が世界中から笑われないようにするためにも、この本では、日本料理のマナーについてもお伝えして参ります。

日本料理は、神様へのお供えがルーツとされています。その後、仏教が日本に入ってきて、仏様にお供えした食材で調理したものが日本料理の基礎になっています。仏教の言葉に「如是我聞（にょぜがもん）」という言葉があります。これは、仏典の冒頭に置かれる言葉で、「このように私は聞きました」という意味です。お釈迦様の弟子が、「お釈迦様の教えを自分はこのように受け取った」ということです。

この本では、日本料理について、私が教わってきたことを、それこそ〝如是我聞〟で、みなさまにお伝えしたいと考えています。

［目次］

フランスでの日本料理教室は毎回大盛況。

第1章

日本料理は奥が深くて面白い！

ここでは、日本料理についてもっと知りたくなること請け合いの蘊蓄（うんちく）をご紹介。1000年以上続く日本の食文化にぎっしり詰まった〝先人の知恵や想い〟に触れてみてください。

001

懐石料理は最初にご飯
会席料理は最後にご飯

懐石料理と会席料理

「懐石料理」は「茶懐石料理」と言われることもあり、もともとは茶道から生まれました。侘び寂び（わさ）を料理に取り入れ、「季節の旬の食材を使う」「素材の持ち味を活かす」「心配りをする」を原則にし、和食の基本でもある「一汁三菜」の原型にもなっています。

ちなみに、「一汁三菜」とは、主食であるご飯とお汁に、主菜（肉や魚）が一品、野菜・海藻・豆腐などの副菜が二品のこと（お漬物は三菜には数えません）。一般家庭でも、旬の野菜を使い、お汁にも具をたくさん入れ、ご飯も玄米・粟飯・麦飯、さらには季節の炊き込みご飯などにすると、理想的な一汁三菜になります。

懐石料理の「懐石」には「少し温めた石を懐に入れることで空腹をしのぐ」という

意味があります。つまり、茶会の前に空腹をしのぐために頂く料理というわけです。なので、懐石料理では、最初からご飯もお汁も出てきます。

最初に出すお膳の折敷(おしき)には、左側にご飯、右側にお汁、真ん中の奥に向付（「膾(なます)」や「刺身」）を配置します。その後、煮物椀、焼物、吸物、八寸(はっすん)（約24センチの器に季節の料理を盛り付けたもの）、そして最後が香の物(こうのもの)（お漬物）と湯桶(ゆとう)（釜の底に残った焦げ飯を弱火で狐色に焦がして、熱湯を注いで薄く塩味をつけたもの）になります。この茶懐石料理が「一汁三菜」の基本です。

一方、会席料理は宴会などの席で出される料理のこと。お酒を楽しむための料理です。一品ずつ酒のアテが出され、最後の締めに、ご飯とお汁とお漬物が出てきます。

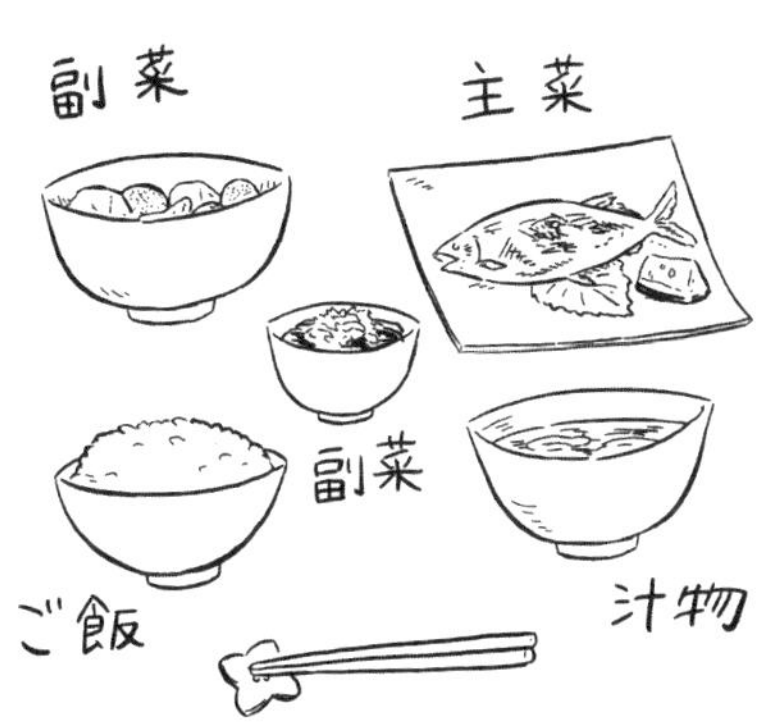

002

旬の時期は見惚れるほどの美しさ めでたいときには「おかしらつき」

尾頭付き（おかしらつき）

「尾頭付き」は、読んで字のごとく、尾と頭が付いた姿のことです。ところが、「おかしらつき」と耳で聞いて、頭だけが付いている「御頭付き」と、多くの方は勘違いしているようです。

結婚式などのお祝いごとで、尾頭付きの鯛をお出しすることがありますが、その盛り付け方には決まりがあります。魚は「頭が左、腹が手前、尾が右」で盛り付けるのが日本料理での決まり。逆にすると大変失礼になります。例えば、漢字の「一」を書くときに左から右に書くように、始まりは左というのが日本のしきたりだからです。ほかにも、左に頭があると、右手で箸を持ったときに食べやすいなどの理由もあります。

ではなぜ、お祝いごとでは「鯛の尾頭付き」なのでしょうか。

まず、昔から〝切ること〟や〝身を取ること〟は、縁起が悪いと考えられていました。ですから、お祝いのときは、切ったり、身を取ったりしない尾頭付きがよいとされてきたのです。

また、昔から「腐っても鯛」という言葉があるほど、日本人は鯛が大好きです。鯛は3月から4月にかけてが、子を持って脂がのって一番美味しい旬の時期。この時期は歓送迎会や婚礼なども多く、お祝いの時期にピッタリだったというわけです。海老を食べている鯛は白と赤の美しい姿をしていますが、「紅白」というのも縁起がよいとされたようです。

余談ですが、天然の鯛、とくに旬の時期の「桜鯛」と呼ばれるころの鯛は、見惚れるほど美しい顔になります。目の上に、何とも言えないきれいな青いアイシャドウのような模様が出るのです。美しい鯛の顔を見て、鯛のように美しくなりたいと女性がアイシャドウを付けるようになったという説も世界にはあるほどです。

003 お正月に使う〝祝い箸〟は年神様と一緒に頂くためのもの

祝い箸

祝い箸は、お正月によく使われる箸です。

「八」という数字が「末広がり」で縁起がよいことから、祝い箸の長さは「八寸（約24センチ）」になっています。「迎春の膳に並ぶ丸箸」「両口箸」「俵箸」などとも呼ばれ、両端が細くなっているのは、一方を年神様が使い、もう一方を人が使うという意味が込められているからです。

本来、おせちは、年神様にお供えをして、そのお下がりを頂くもの。新年をお祝いして、年神様と共に食事をするという意味が込められているため、自分が使っている方と反対側を「取り箸」として使うことは、本当はやってはいけません。あくまでも、片方は年神様用なのです。

祝い箸は折れると縁起が悪いため、折れにくい柳の木がよく使われます。柳の木は、春に芽吹くことから縁起のいい木とされており、それを水で清めて使用します。

大晦日に、家長が家族の名前を水引がついた箸袋にそれぞれ書いて神棚にお供えし、元旦の日から使ったあとは水で清めて洗い、7日まで使うのが本来の祝い箸の習わしです。

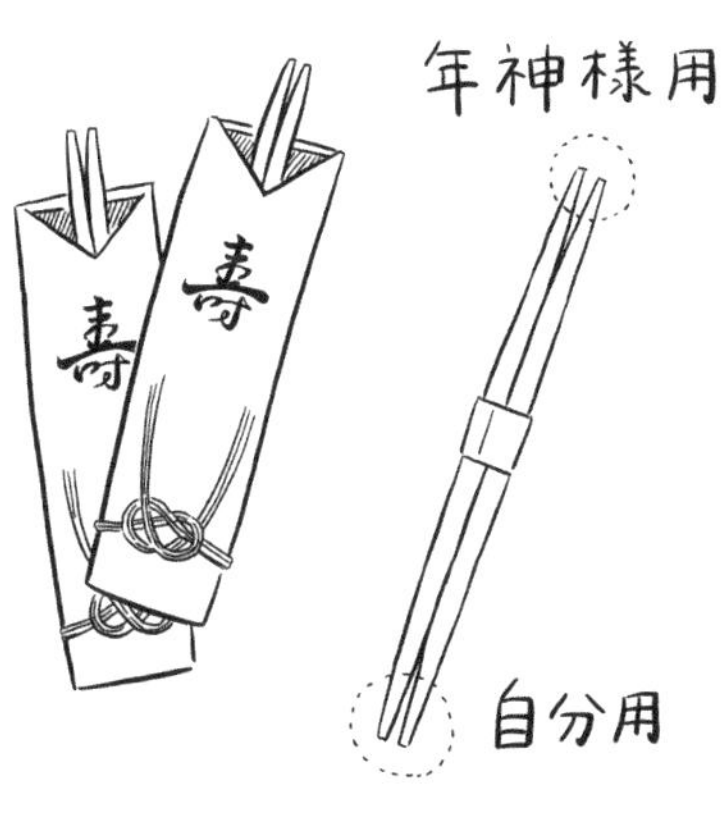

004

上手に炊けるようになると一人前 いまも昔も女性の大好物です

芋・蛸(タコ)・南瓜(なんきん)

「芋・蛸・南瓜」は夏の献立。江戸時代には、女性が大好きなものとして「イモ・タコ・ナンキン」と言われ、これさえ出しておけば若い女性は喜び、ご機嫌になるとされていました。現代でも、女性に好きな食べ物を聞くと、芋や南瓜は上位に入ってきます。ちなみに芋は里芋、南瓜はカボチャのことです。

芋・蛸・南瓜を、それぞれ一番美味しい状態に炊いてひとつの器に盛り合わせたものが「炊き合わせ」です。もちろん、組み合わせは、芋・蛸・南瓜だけではなく、季節ごとの食材で、それぞれ食材の〝旨味〟を引き出して炊いたものをひとつの器に盛り付ければ「炊き合わせ」です。

芋や南瓜を炊くときは、昆布と鰹を効かせた出汁を使います。色をあまり付けないように薄口醤油と本みりんを少し入れ、塩を使って芋の〝あまみ〟を最大限引き出すように炊き上げます。芋を上手に炊けるようになると、「煮方（にかた）」と言って、料理人の世界では、味付けなどをする部署でもようやく一人前として認められます。これは南瓜も同じですが、煮崩れしやすいことから上手に炊くのが難しいと言われているのです。上手に炊くコツは「切り方」と「もどす（柔らかく茹でる）ときの火加減」。火加減が強過ぎると崩れてしまいます。蛸は、甘辛く濃口醤油で柔らかく炊き上げます。

これらをひとつの器に盛り、「青み」と呼ばれる絹さやなどを手前に盛り付けて、それぞれ炊いたあとの出汁を合わせた「共地（ともじ）」を少し入れたら、炊き合わせの完成です。

005

料理名に使われる「土佐〇〇」は土佐地方でよく獲れるあの魚のこと

土佐

「土佐酢」「土佐煮」「土佐醤油」……。日本料理の献立に「土佐」と書かれていることがよくありますが、この土佐とは何のことでしょうか?

土佐とは高知のこと。もうおわかりですね。高知では鰹がよく獲れることから、鰹節の代名詞として「土佐」が使われているのです。つまり、料理名に「土佐」が付いている料理は、鰹節をたっぷり使った料理ということです。

例えば、土佐酢は、三杯酢を作る際に鰹節を贅沢に入れてひと煮立ちさせ、それを冷ましてから漉したもののことです。三杯酢と同様、酢の物全般に合い、蛸(タコ)や烏賊(イカ)の酢の物などに使います。

筍(たけのこ)と鰹節は相性が抜群ですが、鰹節を効かせた出汁を使って調理し、細かい鰹節をたっぷりまぶして盛り付けたものが「土佐煮」です。

醤油を料理人の好みでブレンドし、酒や本みりんなどを加えて、一回沸騰させる際に鰹節を入れ、それを冷まして漉したものが「土佐醤油」。刺身醤油や寿司醤油のほか、出汁と割って割醤油として使います。

このように「鰹節」の代名詞として「土佐」という言葉が使われることは、私もよく理解しています。ただ、個人的なことになりますが、私の祖父は鰹船の船長で、祖母は鰹節工場の職人でした。そして、私の弟の名前はかつお（勝央）と言います。私は鹿児島県枕崎市で育ち、まさに「鰹まみれ」で育ってきました。なおかつ、枕崎市は鰹節生産量が、実は全国第1位なのです。そんな背景もあって、私の献立では「土佐」という言葉は使わず、「枕崎酢」「枕崎煮」「枕崎醤油」と書くようにしています。

日本料理の献立には料理人の思いが込められているものです。献立を見ておやっと感じたら、そこに料理人のこだわりやメッセージを読み取っていただけると、嬉しいかぎりです。

006

美味しい食事を頂ける毎日に感謝の気持ちを伝える言葉

「いただきます」と「ごちそうさま」

諸説ありますが、「いただきます」の起源は、日本料理のルーツがあると考えられている奈良時代にさかのぼるという説があります。奈良の大仏に御供物をあげる際、頭の「頂(いただき)」にのせて捧げ持ってからお供えし、それを下げるときも頭の頂にのせてから下げ、それをみんなで食べたのが始まりという説です。ほかにも「食材の生命力を頂くことが由来」という説もあり、食材の生命力を頂くことで、人間が生きていくことができることへの感謝として、言われるようになったとも考えられています。

一方、「ごちそうさま」の起源は、江戸時代後期にあるという説があります。いまで言うケータリングのように、料理人が買い出しをし、依頼された家に走って行って料理を作り、お出ししていたことがはじまりです。料理を作ってくれた料理人や、その食材を育ててくれた方々、さらには運んでくれた方々への感謝の気持ちを伝えるために、「御馳走様でした」と言うようになったと考えられています。ほかにも、馬などで走りまわって食材を集め、もてなしてくれた料理に敬意を込めて「ごちそうさま」となったなどの説もあります。

料理を食べるときは、思いやりや心遣いが大切です。一緒に食べる人、作ってくれた人、素材を育ててくれた人、食べ物に関わるすべての人に感謝と敬意を持って、食事を頂きたいものです。普段、何気なく食事をしていると、そんな当たり前のことを忘れてしまいがちになります。

食事をするときは、一人のときはもちろん、周囲に誰がいようとも、子どもだけではなく、大人も「いただきます」「ごちそうさまでした」と言うように心がけたいものです。

第2章

日本料理の〝通〟になる

普段、何気なく食べている日本料理でも、そこに込められた意味や思いを知るだけで、何倍も美味しくなります。ここでは周囲の人に教えたくなる、日本料理のトリビアをご紹介します。

007 山葵（わさび）、大葉、大根、菊花……お刺身のツマは飾りではない

お刺身

　魚介類を生で頂く、私たち日本人にとって大変馴染み深い「お刺身」。地域によって、「お造り」「無塩（ぶえん）」「向付（むこうづけ）」「御向（おむこう）」などと呼ばれることもあります。

「お刺身」と呼ばれる理由については諸説ありますが、その昔、切った魚介の身にその魚のヒレや尾ヒレなどを刺して〝何の魚なのか〟がわかるようにしていたことが由来と言われています。

「お造り」は〝一匹の魚から造る〟ことから言われるようになった言葉ですが、お刺身の「刺」という漢字が、縁起が悪いということから、そう呼ばれるようになったとの説もあります。

「無塩」は、釣った魚に塩を付けて保存するのではなく、〝そのまま生で食べる〟と

いうことからきています。

茶懐石料理などでは、御膳の手前左側に飯碗、手前右側に汁椀、そして奥の向付（または御向）にお造りや鱠（なます）を盛り付けることから、お刺身のことを「向付」や「御向」とも呼びます。

料理人の業界用語では、お刺身のことを「夫」、そのまわりに添えるものを「妻（つま）」と呼びます。

電気もなく、当然、冷蔵庫や氷などもなかった時代には、魚が獲れたら塩を付けて保存するか、塩を付けないで（つまり無塩で）食べるかのどちらかしか選択肢はありませんでした。無塩で食べると、お腹を壊す人が多く、なかには亡くなる人もいたため、薬を添えて食べるようになったのが、お刺身に添えるツマのはじまりです。大根、大葉、山葵、菊花（食用菊花）、穂紫蘇などがそれに当たります。効能として、解毒効果や胃腸薬などのような働きがあると言われています。つまり、ツマはただの飾りではないのです。

余談になりますが、食用菊花のことを「もってのほか菊（もって菊）」と言います。「皇室の紋である菊を食べるなど、もってのほか」というのが、その由来です。

お刺身は、皿の手前側に淡白な魚を、奥にいくにつれて脂の多い魚を盛り付けていくのが基本です。皿の外側の余白を均等に見せながら、皿の奥を大根や大葉などで高くして、手前側が低くなるようにすると、まるで山から山里に降りてくるように盛り付けることができ、お刺身が取りやすくなります。

山葵を置く位置も決まっています。食べる人が右利きという前提になりますが、取りやすいように、皿の右手前、もしくは中央手前に置くのが基本です。

お刺身を頂くときは、箸を手にする前に、もって菊を手に取って花弁をお刺身の上、あるいはお醤油が入っている小皿（のぞき）に散らしましょう。穂紫蘇も同様で、お花を散らします。それから、箸で山葵を取ってお刺身の上に置き、ツマと一緒にお醤油に付けて頂きます。つまり、最初に箸で取ることになるのが山葵なので、取りやすいように右手前に置くのです。

お刺身の食べ方には、順番があります。白身魚→貝類→赤身魚のように、味が淡白なものから順番に食べるのが基本。また、山葵を醤油に溶いてしまうと、山葵も刺身も本来の味が消えてしまいます。ですから、山葵は刺身にのせ、醤油を少しだけ付けて食べるのがおすすめです。その際、お刺身から醤油が垂れないよう、小皿を手に持って食べるとスマートです。日本料理では、手の平におさまるサイズのお皿（器）であれば、手に持っても大丈夫。マナー違反ではないので、ご安心ください。

ちなみに、脂の多い鰤(ブリ)や縞鯵(シマアジ)などのお刺身は、皮目に切り込みが入っていることがあります。脂が醤油をはじいてしまうため、醤油がよく絡むように切り込みを入れているのです。鮑(アワビ)や蛸(タコ)なども、ツルツルしていて醤油が絡みにくいので、波切りをして醤油が引っかかるようにしています。

008 出汁に味が付いているかいないか お鍋は関東と関西で違います

鍋料理

日本の鍋料理は、大きく2つに分けることができます。出汁に味が付いている「すき鍋」と、水に出汁昆布を入れて具材を煮て、それをポン酢や胡麻だれなどに付けて食べる「ちり鍋」です。すき鍋の「すき」の付く料理には、「すき焼き」「寄せすき（寄せ鍋）」「うどんすき」などがあり、いずれも出汁が味の決め手になります。

「すき焼き」は、元々関東の食文化です。スコップのような形をした農具である鋤（すき）の上で肉や野菜を甘辛く煮た物が由来と言われ、それを溶いた生たまごに付けて食べたりしていました。

一方の「ちり鍋」は、元々関西の食文化です。幕末から明治にかけて、生魚を食べない西洋人が、刺身を鍋の熱湯にくぐらせて食べたときに、魚の切り身がチリチリと縮れた様を見て、「ちり鍋」と呼ぶようになったと言われています。ちり鍋は、お店自慢の手造りポン酢や胡麻だれで食べるのが普通です。

そういえば、ポン酢メーカーは日本の西や南のエリアに多いことに気づきませんか？　このエリアでは、美味しい柑橘類がたくさんとれます。地域によっては柑橘類のことを「木の酢」と呼び、お刺身を食べるときにお醤油に搾ったり、和え物に搾ったりします。日本の西や南には、「ちり鍋」のポン酢文化があるとも言えるのです。

「すき焼き」のルーツは「鋤焼き」

009 雑炊とおじやの違いは出汁があるかないかの違い

雑炊とおじや

お鍋のあとの締めに、出汁を使って「雑炊」や「おじや」を作ることがありますが、雑炊とおじやは異なるものです。

雑炊は、例えば「魚（うお）ちり鍋」の場合なら、鍋に残った具材をすくい取り、出汁が少なければ水を足し、強火で沸かしてから薄口醤油と塩で味を付けます。そのうえで、ご飯をザルに入れて流水でほぐし、水切りしたものを鍋に入れます。強火のままにして沸いてきたら火を止め、素早く、溶きたまご・葱の小口切り・刻み海苔を入れてできあがり。つまり、出汁のなかにご飯があるのが「雑炊」です。

それに対して「おじや」は、ご飯を入れるところまでは同じですが、沸いても火を止めません。弱火にして、出汁がなくなるまで煮詰めます。その後、溶きたまごを入れ、最後に葱の小口切りと刻み海苔を入れます。ご飯が出汁を吸って、器を傾けても出汁がないものが「おじや」なのです。

基本的に日本料理のお店では、雑炊をお出しします。雑炊が上品という位置付けで、おじやが庶民的と考えればよいかもしれません。もちろん日本料理のお店でも、お客様からリクエストがある場合には、おじやにすることもあります。

010 関東と関西の「すじ」は別モノ 由来は平安時代に使っていた道具

おでん

「おでん」の由来は平安時代にまでさかのぼります。田植えのときに豊作を願って踊る「田楽舞（一本竿の竹馬に乗って踊る舞）」の形に似ているところからきていると言われ、一本の竹串を2つに割いて刺した豆腐に、甘辛い味噌を塗って焼いた「田楽焼き」がその起源と言われています。茄子、蒟蒻(こんにゃく)、小芋なども田楽焼きにするようになり、出汁で煮染めた食材に味噌を塗る食べ方が流行して、それが「お田楽」と呼ばれ、やがて「おでん」となったそうです。

おでんは、全国各地で食べ方が異なります。

東北、名古屋、四国のように、いまでも煮染めた食材にお味噌を塗る地域もあれば、兵庫県の姫路のように煮染めた食材を生姜醤油に付ける地域もあったり、静岡県のように煮染めた食材に青海苔の刻みと削り節の粉を使ったふりかけのようなものを振る地域もあったりします。

具材もさまざまです。関東では「はんぺん」「すじ」「ちくわぶ」など、いわゆる練り物をよく入れます。関東の「すじ」は、関西の「牛すじ」ではなく、魚の軟骨やすじを擦った練り物です。関西のおでんには、鯨の舌の「さえずり」、皮の「コロ」、「牛すじ」「蛸(タコ)の足」などが入っていたりします。

出汁も、関東と関西では異なります。醤油が濃かったり、味噌で炊くことが多いのが関東で、関西は透き通った出汁で炊きます。ですので、コンビニのおでんは関西風というわけです。

011

精進（しょうじん）料理だけではない 日本料理で使われる「精進」

精進

「精進」という言葉を聞くと、誰もが最初に「精進料理」を思い浮かべることでしょう。しかし、「精進」という言葉が付く料理はほかにもあります。

鰹節を使わずに出汁昆布や干し椎茸などでとった出汁「精進出汁」、野菜のお漬物などの握り寿司のほか、お稲荷さんや野菜の混ぜ寿司などの「精進寿司」、大根・人参・蕪（かぶ）などの根菜を刻んで甘酢漬けにした「精進膾（しょうじんなます）」などがそれです。つまり、「精進」は、動物性の食品を使わない料理を意味する言葉なのです。代表的な食材は、「豆腐」「胡麻豆腐」「高野豆腐」「がんもどき」「湯葉」「昆布」「干し椎茸」「こんにゃく」「麩」などですが、基本的には春の食材を使います。

俗欲を捨て、１０８の煩悩を捨てることが悟りにつながると考える仏道修業では、食事や衣服も質素にして、心身を清めるために魚・肉・酒を断ち、刺激の強い野菜なども避けました。そのために工夫された料理が「精進料理」なのです。精進料理は、仏教から来ているので、日本だけではなく、中国、台湾、香港、韓国、シンガポール、マレーシアなどでも、名物としてお出ししているレストランがあります。また、仏教であっても、宗派で精進料理の内容も変わります。

ほかにも、精進に入る前に、魚・肉・酒を食べ納めすることを「精進固め」と言ったり、喪に服す期間に精進料理を食べて、そのあと通常の食事に戻すことを「精進落とし」と言ったりします。

「精進」は、私の大好きな言葉です。よく挨拶で「精進します」のように使われますが、本来は「ひとつのことに集中して、一生懸命努力します」という意味です。

若いときは、精進料理を積極的に食べようとは思いませんでしたが、年齢を重ねるにつれて、その美味しさが理解できるようになってきました。

012

砂糖を入れるか入れないか地方で異なるたまご焼き問題

たまご焼き

「うどんの出汁」「粉もんとご飯」「おにぎりの形（俵型と三角）」「いなり寿司の形（四角と三角）」など、関東と関西では、異なる食文化がいくつもあります。たまご焼きもそのひとつ。関東と関西では、砂糖を入れるか入れないかの違いがあります。

関東のほか、九州や東北の広い地域では、たまご焼きに砂糖を入れます。塩・酒・本みりん・薄口醤油などを合わせて、隠し味に酢を数滴たらします。酢には、スッキリした甘さに変え、たまごをふっくらさせる効果があります。

一方、関西のたまご焼きには砂糖を入れないことが多く、薄口醤油・酒・塩だけで作ります。

鹿児島で育った私には、砂糖入りのたまご焼きが当たり前でした。まだ若かったころ、まかないでたまご焼きを作って出したら、関西で育った先輩に「たまご焼きに砂糖を入れるなんて、ありえへん」と、ものすごく怒られたことがありました。いまではその先輩とも笑い話で語るエピソードのひとつですが、自分にとっての当たり前が、必ずしも相手にとっての当たり前ではないということに気づきました。価値観は人それぞれなので、自分の価値観を押し付けると、そこにさまざまな障害が起こるという教訓です。

ちなみに、たまご焼きは、溶いて味付けしたたまごを焼鍋（たまご焼鍋）に少しずつ流し込んで焼き、箸を使って巻き込むようにして作ります。たまごに出汁を入れたのが「だし巻きたまご」ですが、出汁が多いので崩れやすく、焼鍋を動かしながら巻き込んでいかなければなりません。そのためたまご焼きよりも、作るのには技術が必要になります。

013

「身体をいたわるように……」と受け継がれてきた日本の食文化

薬味

「薬の味」と書いて「薬味」ですが、薬味にもちゃんと意味があります。

例えば、「秋茄子（あきなす）は嫁に食わすな」という昔からの言葉がありますが、これは姑の意地悪ではありません。茄子には身体を冷やす作用があり、下半身を冷やしてしまうことから、とくに出産を控えているお嫁さんに対しての〝思いやりの言葉〟なのです。焼き茄子には必ずおろし生姜を添えますが、身体を冷やすものと、体温を上げる生姜を一緒に頂くことで、調和を保つという効果があります。

薬味には、ほかにもいろいろありますが、例えば、お蕎麦の蕎麦粉も身体を冷やす食材のひとつ。なので、温かいお蕎麦には、一味、七味、陳皮（ちんぴ）（みかんなどの皮）などが、冷たいお蕎麦にはおろし生姜や山葵（わさび）が添えられています。

つまり、先人たちが「身体を冷やす物を食べるときは、身体を温める物と一緒に食べて調和を保ちなさい」と、私たちに伝えてくれているというわけです。

これからも私たちの子孫に伝えていきたい日本の大切な食文化のひとつです。

014

日本の調味料の基本は塩
辛くもできれば甘くもできる

塩

日本料理の調味料の原点は「塩」です。味付けに使うこともできますし、スイカにかけるときのように〝あまみ〟を引き出すのにも使えます。つまり、塩は辛くも甘くもできるわけですが、その加減は難しいところでもあります。

「お吸物」は香り付けに薄口醤油を少し使い、出汁のうま味を引き出すために塩を使います。梅酢を少したらして、その加減がちょうどよいことを「いい塩梅（あんばい）」と言ったりしますが、そこから、体調がよいことを「身体の塩梅がよい」と言ったりもします。

西京漬けなどを作るときには、最初に軽く薄く塩を魚に振ります。すると15分ほどたつと、汗をかいているかのように水分が出てきます。この水分が臭みのもとなので、乾いた布で拭き取ってから、西京漬けにするのです。この場合は、塩味をつけるための塩ではなく、臭みを取るための塩ですね。揚物の魚などでも同じような下処理をします。塩を上手に使うことは、料理人としての必須項目でもあるのです。

昨今、「塩分の取り過ぎに注意」という言葉がどんどん広がり、気にされている方も多いことでしょう。医学の専門家にも話を聞いたことがありますが、塩についての見解はさまざまです。「天然塩であろうが、精製塩であろうが、とにかく塩はよくない」という先生もいれば、「天然塩であれば、それほど気にし過ぎる必要はない」という先生もいて、意見は真っ二つです。

日本では長い間、精製塩だけが売られていましたが、２００２年に天然塩の販売が解禁されました。天然塩のミネラルは、赤ちゃんがお腹にいるときの羊水のミネラルに似ていて、身体によいと言われることもあります。

私は専門家ではないのでどちらが正しいかはわかりません。医学博士や専門の学者でも、まったく逆の意見であることは、塩に限らず、ほかにもたくさんあります。これらの情報に接するとき、私たちはひとつの答えが正解と考えるのではなく、さまざまな意見や情報を集めたうえで自分自身で考えることが、大切だと思います。

ちなみに、私は地元の天然塩を使うようにしています。

015 日本が誇る「超スーパーフード」お味噌汁はダイエットにも効果あり

発酵調味料

日本の調味料は、発酵調味料なくして語れません。「酒」「本みりん」「酢」「醤油」「塩麹」「味噌」「魚醤」など、これらはすべて発酵調味料です。日本独自の風土（気候、気温、湿度など）で生まれた麹菌（こうじきん）から奇跡的に生まれた調味料なのです。発酵と言えば、「糠漬け」や「納豆」などの発酵食品もあります。これらは身体によく、「日本料理は健康によい」というイメージにも大きく貢献しています。ここ最近では、「発酵鍋」が流行ったり、「菌活」という言葉もあったり、すっかり発酵調味料は身体によいというイメージが定着しています。

なかでも「スーパーフード」と呼ばれることもある味噌は、古代では、薬として使われていたとも言われています。科学的には解明されていない部分も多いようですが、

「コレステロールを下げる」「ガン予防になる」「アンチエイジング効果がある」「ダイエット効果がある」などと言われることもあります。

個人的な話になりますが、私は2020年の東京オリンピック・パラリンピックの聖火ランナーに選出されました（残念ながら新型コロナウイルスの影響で実現していませんが）。これを機に、2020年初めからマイナス20キロを目標にしたダイエットをしています。方法はシンプルで簡単。毎日の運動と具沢山のお味噌汁です。これまでの不摂生を改善した効果も大きいと思いますが、始めて2か月半で13キロも体重が落ちました。

毎日同じだと飽きるので、いろいろと工夫をしています。出汁を変えたり、味噌をフードプロセッサーでまわしてまろやかにしたり、ガスコンロのグリルにアルミホイルを乗せて、その上に味噌を平たく置いて軽く炙ったり、さらには味噌そのものや具材を変えたりして、毎回、お腹いっぱい食べています。

ちなみに、出汁にもさまざまな健康機能があることがわかっています。ですから、出汁にさまざまな具を入れたお味噌汁は、まさに「超スーパーフード」と言ってもよいでしょう。

016

ほんの少しの酢を落とす日本料理に受け継がれる技法

酢

湿度が高く、暑くなる季節には、日本料理では「酢」をよく使います。なぜなら、酢には防腐効果や抗菌効果があり、料理を日持ちさせることができるからです。

煮物など、足が早い（腐りやすい）料理にも、少し酢を入れます。少量なら味にも影響はありません。昔は防腐剤などなかったので、「酢を落とす」というのは、日本人の知恵と言ってもよいでしょう。

梅雨に入って湿度が上がるころ、体がだるくなって食欲がなくなる方も多いことでしょう。いわゆる夏バテです。昔は、夏バテのような状態になって、亡くなる方も多かったそうです。そこで、食欲を出すために、食事の最初に酢を舐めたり、酢の物を食べたりしていました。唾液を出すことで食欲が出るからです。会席料理で、先付に酢の味の物をお出しするのも、同じ理由からです。

酢は、「三杯酢」「南蛮酢」「甘酢」「すし酢」などの「合わせ酢」にして使用することが多いです。ちなみに三杯酢とは、酢と醤油に、砂糖あるいは本みりんを合わせた甘みのある合わせ酢のことです。

酢と言えば、「酢でしめる」という料理もあります。例えば、「鯖（サバ）寿司」です。冷蔵庫などなかった時代、足が早い鯖は、塩をしてから酢を使って「しめ鯖」にしました。そうすることで、鮮度が落ちないようにしたのです。ほかにも、鯵（アジ）、鰯（イワシ）、秋刀魚（サンマ）などの青物の魚は、塩をしてから酢でしめることがあります。

調味料の味付け以外の効果をも活かす日本料理の世界に触れると、先人の知恵にはいつも感銘を受けます。

017

柑橘類（かんきつるい）の果汁で作る調味料 美味しく仕上がったらビルが建つ

ポン酢

「ポン酢」の由来は、柑橘類の果汁を意味するオランダ語の「pons（ポンス）」。それが変化して「ポン酢」になりました。カクテルでも、リキュールに数種類の柑橘類の果汁を掛け合わせて作る「ポンチ」や「パンチ」がありますが、その由来は同じです。

関西で代表的な、「てっさ」や「てっちり」などの河豚（フグ）料理や淡白な白身魚は、ポン酢で頂くことが多い料理です。関西では「美味しいポン酢が作れたらビルが建つ」と言われることもあり、ポン酢に並々ならぬ情熱を注ぐ料理人も多く、お店のポン酢が店を代表するお土産になっているところもたくさんあります。

ポン酢は、柚子（ゆず）、酢橘（すだち）、橙（だいだい）などの果汁と、酒、濃口醤油、本みりん、鰹節、玉葱（たまねぎ）などをブレンドして作ります。比率はお店ごとに異なり、柚子は柚子でも、皮ごと搾った果汁を使うのと、果肉だけを絞った果汁を使うのでは、味がガラリと変わります。皮ごと搾ったものは渋みが強くなりますが、値段は安くできます。果肉だけを絞る場合は手間がかかるために値段が高くなりますが、渋みは少なく上品な香りと酸味になります。半年ほど寝かせる料理人もいます。

ポン酢の味は、実に奥が深いので、お店で食べるときは、ぜひ職人のこだわりにも注目してみてください。

自宅でポン酢を作りたい方に、こっそり私のレシピを教えましょう。

まず、柑橘類の搾り汁が４５０ccに対して、本みりんを１６０cc、濃口醤油（もしくは、たまり醤油）を１００cc、出汁昆布を15g、鰹節を75g、玉葱のスライスを１個分用意します。柑橘類の絞り汁は、複数の柑橘類をブレンドしたものでも、単体でもどちらでも問題ありません。材料を大きな容器に入れ、水面の空気を抜きながらラップをし、フタをしないで3～4か月ほどそのまま置きます。２週間に1回ほど、「美味しくなれ、美味しくなれ」と混ぜてあげるとベター。それだけで美味しいポン酢ができあがります。ラップを水面に浮かべて空気をしっかり遮断し、涼しい場所や冷蔵庫で保存すればよいでしょう。

玉葱のスライスや鰹節が水面から少しでも浮いてしまうとそこにカビが生えます。カビでポン酢がダメになるので、表面の空気を抜くように水面にラップをするのがポイントです。賞味期限は、販売する場合は「1年」と書いたりしますが、水が一滴も入らなければ、何年でも持ちます。私が使っているポン酢で一番古いのは「10年モノ」ですが、いまでもとても美味しく頂いています。

とくに気をつけたいのが、玉葱のスライスです。玉葱は皮を剥いて水で洗ったあときれいに水気を拭きとり、刻んだあとは水に浸けず、そのままポン酢に漬け込みます。水気が入ると腐ってしまうのでご注意ください。

018 日本に1000年以上続く食文化を受け継いでいるのが「日本料理」

和食と日本料理

明治以降に外国から来て、日本で改良された料理は、すべて「和食」になります。ですから「ラーメン」「カレーライス」「天津飯」なども和食です。

例えば、ラーメンは中国から来ていますが、中国のラーメンと日本のラーメンはまったく違うものです。いまや中国人が「日本のラーメンは美味しい」と言って、中国で大ブーム。日本のラーメン店の行列に中国人の方が並んでいる様子も多く見られます。

また、天津飯はそもそも中華料理に存在しない料理。実は日本在住の中国人が日本で考えたメニューなのです。カレーライスも、インドと日本ではまったく違いますが、「日本のカレーの方が美味しい」と言う方も世界にはたくさんいて、実に面白いなと思います。

日本料理は、和食のカテゴリーのひとつです。和食のなかに、日本料理というカテゴリーがあって、さらにそのなかに寿司や蕎麦などがあるのです。「日本料理」と言うときは、日本に1000年以上続く食文化を取り入れた料理のことを指します。

1000年以上と言うのは、日本料理の原型が、約1300年前の奈良時代にあると考えられているからです。奈良の大仏の御供物として出された料理が起源とされ、平安時代あたりから確立してきたと言われています。

日本料理は、東洋医学を取り入れ、季節や風土を活かしながら、そしてときには失敗を重ねながらも、子孫が少しでも健康かつ元気で長生きできるようにと、伝承されてきました。

日本が世界に誇れる日本の食文化ですから、まず日本人が知っておくことは、とても大切なことだと思うのです。

019

料理とお酒はセットで考える
日本料理に合うのはやっぱり……

日本酒

ご縁があって、フランスのパリには何度も足を運んでいます。最近では、ミシュランの星付きレストランでも、洒落たワイングラスで日本酒が出てくることが多くなってきました。

ミシュランの星付きレストランには、勤勉で真面目で繊細な仕事をする日本人のフレンチ料理人がいたりします。最近ではパリのフランス料理店「ＫＥＩ」のオーナーシェフの小林圭さんが、日本人ではじめて最高ランクの三つ星を獲得しました。そういう店で、フルコースのなかに日本料理が何品か出されるようになり、それに伴い日本酒もさらに親しまれるようになったと考えられます。

日本料理は、フランスに限らず世界中でヘルシーなイメージを持たれていて、「いま、世界で最も注目されている料理のひとつ」と、海外に行くたびに感じます。また、フランスの料理人もソムリエも、日本酒に詳しくて驚くことがしばしばあります。

そもそも、料理とお酒には深いつながりがあります。ワイン、シャンパン、紹興酒、マッコリ、日本酒、焼酎、ビール……。すべて単体ではなく、料理とセットです。

フランスで日本酒が広がってきたのには、まず日本料理が受け入れられたという背景があるのです。

020
抹茶や煎茶が世界中から大注目 だからこそ日本人も見直したい

抹茶と煎茶

いま、世界中で「抹茶」や「煎茶」がブームです。パリのスターバックスで抹茶が出された2016年ごろから盛り上がっているようですが、コーヒーと同様に、独特の苦味も受け入れられているようです。加えて、抹茶だけでなく、煎茶もブームになってきています。

抹茶も煎茶も共通して「健康」のイメージがあります。生活が安定してくると、必ず「健康」に気をつかうようになるのは世界共通。抹茶や煎茶が世界中から注目されているのには、そんな背景もありそうです。

そう考えると、日本のお茶の生産地である鹿児島・静岡・京都などはチャンスです。生産者が潤えば、雇用や後継者の増加にもつながり、ひいては地域の活性化へと期待がかかります。

　世界中から注目されるのはとても嬉しいことですが、だからこそ私たち日本人も、抹茶や煎茶にもっと親しんでもよいように感じます。日本のお茶は平安時代のころから続く文化。ぜひ急須で美味しく飲んでもらいたいと思います。

　私が育った鹿児島も、お茶の生産量がトップクラスの地域ですが、昔から「朝の茶」「10時の茶」「お昼の茶」「3時の茶」「晩ご飯の茶」と、毎日をお茶と共に暮らしています。お茶を飲んでホッとしたひとときを大切にすることも、日本のよい文化のひとつと言えますね。

021

お寿司の定番に付けられた江戸時代ならではの粋な呼び方

かっぱ巻き・鉄火巻き・鉄砲巻き

「かっぱ巻き」と言えば、胡瓜（きゅうり）の巻物です。かっぱ（河童）の好物が胡瓜という話から、そう呼ばれるようになりました。「鉄火巻き」は鮪（マグロ）の赤身の巻物。鉄を火で熱すると真っ赤になることや、花札やサイコロなど、バクチをする場所のことを「鉄火場」と呼び、そこで手軽に食べられていたことから「鉄火巻き」となりました。鉄砲巻きは、山葵（わさび）を効かせて炊いた干瓢（かんぴょう）を入れた巻物です。筒状の形が鉄砲に似ていることや、山葵を効かすので、食べたときに鉄砲に撃たれたような顔になることから、「鉄砲巻き」と呼ばれるようになったと言われています。

江戸時代のころは、直接ものの名前を言わず、とんちをきかせて表現することを粋とする文化がありました。それをいまも引き継いでいるというわけです。

022 ガリガリと感じるガリに職人のこだわりを感じる

ガリ

ガリは生姜の甘酢漬けのことですが、口に入れて噛んだときにガリガリと音を立てることから「ガリ」と呼ばれています。

ガリに使われているお酢や甘みには、お店ごとにこだわりがあり、当然、味も異なります。

新生姜をサッと湯通ししてから塩をパラパラ振り、冷ましてから甘酢に漬けると、化学反応できれいなピンク色のガリになります。一方、新生姜ではない生姜を使うお店もあり、その場合は白、もしくはほんのり黄色のガリになります。どちらが正解というわけではなく、お店の職人さんのこだわりです。

ですから、ちゃんとしたお寿司屋さんに行ったときは、ガリもぜひじっくり味わってみてください。

そして、軍艦巻きなどを頂く場合に、ガリをハケの代わりにするのもおすすめです。軍艦巻きの上に、ガリで醤油をつけて頂くのです。そうすると、巻物が崩れることなく、実にスマートに醤油を付けられます。これがさらっとできたら、かなり〝通〟な感じです。ぜひ。

023

片想いを水槽から上げてこい！お寿司の世界ではどういう意味？

片想い

お寿司で「片想い」と言えば「鮑（アワビ）」のことです。普通、貝と言えば、蜆（シジミ）、浅利（アサリ）、蛤（ハマグリ）などの二枚貝をイメージすることが多いですが、鮑は二枚貝の片側の殻だけのように見えることから「片想い」と呼ばれるようになりました。「磯の鮑の片想い」などという言葉もあります。

私が東京（江戸）の寿司屋に初めて修業に入ったところ、この片想いで泣かされたことがあります。

ものすごく忙しい時間帯に、突然、先輩から「片想いを水槽から上げてこい！」と言われたのです。まったく何のことなのかわからず、ポカーンとしていたところ、めちゃめちゃ怒られました。九州から関西、そして関西から東京に出て来た私には、まさか「片想い」が「鮑」だとは、想像もつかなかったのです。
「粋だな」と思ったのと同時に、何だかいまでも高級鮑を「片想い」と呼ぶことに、
ちょっと違和感のある私なのです。

024

すごろくもお寿司も同じ最後は「上がり」と呼びます

上がり

お寿司を食べていて、最後に飲むお茶が「上がり」です。すごろくなどでも、ゲームの最後を「上がり」と言いますが、食べ終わって最後に飲むお茶のことを、そう呼びます。あくまでもお店の方が「上がり」と言うのであって、お客さんは「お茶をお願いします」と言うのが本来の姿です。

お店によって違うこともありますが、緑茶や抹茶など、カフェインの入ったお茶を、食後のコーヒーのような感覚で頂くのが基本です。ガリと同じく、お店によってこだわりや違いがあるので、ぜひ店主が選びに選んだお茶を楽しんでみてください。

ちなみに、食事中のお茶にはカフェインの少ない番茶・ほうじ茶・玄米茶などを出すお店が多いようです。その方が、繊細な魚の味を楽しめるからです。また、食事中にカフェインの多い緑茶やコーヒーを飲まない方がよいのは、タンニンが多く含まれているため、食べ物の鉄分と結合して鉄分の吸収が遮られるからとも言われていいます。とくに女性は、鉄分が不足すると貧血などになりやすいので、食事中のカフェイン摂取はあまりおすすめできません。

一方、食後にカフェインの入った緑茶やコーヒーを頂くと、頭がスッキリして代謝がよくなり、胃液の分泌が高まって消化もよくなるそうです。なので、「上がり」を頂くことで、満足感と共にどことなくホッとする感覚は、実効からきたものであり、万国共通と言ってもよいのかもしれませんね。

025

ルーツをたどると神話にも出てくる日本人とは切っても切れないお米

シャリ

「シャリ」とは、寿司飯のこと。仏舎利（お釈迦様の粒状の遺骨）からきているという説や、米のことをサンスクリット語で「ＳＡＲＩ」と呼ぶことが由来という説などがあります。白いご飯のことを、「銀舎利（ぎんしゃり）」とも言います。

お米の銘柄や育て方のほか、研ぎ方、炊くときに使う水の種類、水に浸ける時間、蒸らす時間、味付けに使う寿司酢の種類、寿司酢に合わせるときに入れるしゃもじの加減、シャリ桶に移すときの温度などによって、お寿司のシャリはまったく変わってきます。同じお米や水を使っていても、料理人によってまったく異なるシャリになるのです。シャリも、お店の職人さんのこだわりそのもの。お寿司を食べるときには、ぜひ注目してみてください。

日本ではご飯の消費量が年々減少しています。昨今の糖質制限ブームや手軽なパン食の増加などもその理由のひとつでしょう。

ですが、日本人とお米は切っても切れない関係です。日本最古の歴史書『古事記』の神話にも、お米が出てきます。

現在の天皇の祖先にあたる天照大御神（アマテラスオオミカミ）が、孫である瓊瓊杵尊（ニニギノミコト）に稲穂を渡して、「この稲を育てて日本を豊かにするように」と命じたという話です。

神社の神殿は高床式で、風通しよく建てられていますが、もともとお米はそこで保管され、それらを神としていました。その流れから、「米」は太陽の神様である天照大御神へ、「水」は月の神様である月読命（ツクヨミノミコト）へ、「塩」は海の神様である素戔嗚尊（スサノオノミコト）へのご供物となったとされています。

ですから日本には、昔からお米を大切にする心がありました。

「ご飯を一粒でも残したら罰があたる」とか「目がつぶれる」とか言われたことはありませんか？　私たち日本人は、代々お米からエネルギーを頂いて、作られてきたと考えることもできるのです。

026
寿司屋の湯呑みが大きいのはかつて屋台で握られていたから

寿司

寿司の原型のようなものは、奈良時代に中国から伝わったとされています。魚を塩とご飯に一年ほど漬け込んで熟成発酵させた「馴れ鮨（なれずし）」が始まりで、これに近いのが、滋賀県の「鮒寿司（ふなずし）」や福井県の「へしこ」です。

安土桃山時代になると「酢」が作られるようになり、ご飯にかけて魚をのせるようになりました。江戸時代になると、江戸で握り寿司文化が始まります。東京湾で獲れた魚を、最初はお座敷で握っていましたが、やがて庶民にも広まり、屋台、そして店舗で握られるようになりました。

屋台で握られていたころ、寿司を握る人が1人でバタバタしているときに、お茶のお代わりを何度も求められると、手がまわらなくなってしまうことがよくありました。そこで器屋（うつわや）さんに相談したところ、湯呑みを大きくすれば何回もお代わりせずに済むということから、寿司屋の湯呑みは大きくなったとも言われています。

ちなみに関西で寿司と言えば、握り寿司ではなく、押し寿司や箱寿司を指します。関西の寿司は、平安時代の鮒の発酵寿司から来ていて、安土桃山時代に、鯖（サバ）や鯵（アジ）を酢で締めて木枠に入れたものがルーツです。一方、関東の寿司は、江戸時代に東京湾で獲れた魚を、酢で締めたり、煮たり、タレに漬け込んだりして、せっかちな江戸っ子が短時間で空腹を満たすために考えられたものが、そのルーツだとされています。

027

新年は神様のために煮炊きを控え女性にはしっかり休養してもらう

おせち

おせち（御節）と聞くと、かなり昔からあるようにも感じるかもしれませんが、その歴史は意外と浅く、まだ400年ほどです。宮中行事の「お節供（せっく）」からきていると考えられており、それに伴う料理は奈良・平安の昔からありましたが、私たちが現在食べているおせち料理の歴史は意外に浅く、江戸時代に幕府の公式行事として原型が整えられたそうです。

お正月は年神様（としがみさま）をお迎えしておまつりするため、おせちには「三が日は煮炊きを控えて、年神様に静かに過ごしてもらう」という意味のほか、「一年中働くかまどの神様にも休んでもらう」や「年の初めから台所に立つことなく女性に休養してもらう」という意味が込められています。

年の初めに頂く食べ物なので、縁起を担ぎ、さまざまな願いを込めて作られた料理を詰め合わせています。

本来のおせちは、五段の重箱に詰められていました。それぞれ何段目の重に何を詰めるかも、地域によって異なることもありますが、だいたいは決まっていました。

■一の重

黒豆、数の子、田作り、叩き牛蒡、紅白蒲鉾、伊達巻き、栗金団などの「祝い肴」

■二の重

鰤、鯛、伊勢海老、鰻などの「家喜物」。ちなみに、「焼き物」ではなく「家喜物」なのは、「焼」という字の縁起がよくないからです。おせちだけでなく婚礼やお祝いのときにも、「家が喜ぶ」と縁起がよいことから当て字が使われます。

■三の重

昆布巻き、陣笠椎茸、柏（鶏肉）の万年煮、手綱蒟蒻、芽出し慈姑、矢羽蓮根、里芋亀甲煮(いもきっこうに)、筍(たけのこ)、金柑(きんかん)、梅花人参(ばいかにんじん)などの「煮しめ物」

■四の重

花蓮根、紅白膾(こうはくなます)、菊花蕪(きくかかぶ)、ちょろぎ、南蛮漬けなどの「酢の物」

■五の重

何も入れない「控えの重」。日本人は「４」という数字にあまりよくないイメージがあるため、五段にしたとも言われています。お客様にお出しするときには、五の重におせちを取り合わせてから、お出ししていました。

最近では五の重のおせちはあまり見ることがなくなりました。三の重が主流でしょうか。そのときは、四の重の酢の物は一の重などに入れますが、料理人によっては二の重や三の重に入れる方もいます。

言ってみればおせちは、大晦日からお正月の３日までの約４日間を持たせる保存食のようなもの。ところが昨今、大晦日も正月も飲食店は営業しているため、３日まで持たせる必要性はなくなってきています。

028

黄金色の栗に込められたのは財産が貯まるようにとの願い

栗金団（くりきんとん）［おせち］

クチナシの実を割って一緒に茹でると、栗は黄金色になります。それを、まず軽く空蒸しして（なにも付けずにそのものだけを蒸すこと）、丘上げします（蒸し器から出して、そのまま常温で置いておくこと）。冷まして水分を飛ばしたら、異なる濃度の蜜を使って、二段階で炊き上げていきます。

仮蜜（本蜜より少し薄めの蜜。1800ccの水に砂糖300gを入れて沸騰させて1割ほど煮詰めたもの）でじっくり炊き上げ、さらに本蜜（お客さまにお出しする蜜。基本は1800ccの水に砂糖375gを入れて沸騰させて1割ほど煮詰めたもの）でゆっくりじっくり炊き上げていきます。

次に、金団（金色の布団のようなもの）を作ります。本来は、栗の蜜煮を裏ごしして金団に見立てますが、同じように炊いた薩摩芋を裏ごしして金団にすることもあります。その金団を、栗の蜜煮に絡めたものが栗金団です。

栗金団はおせちによく入っていますが、見た目が黄金色なことから、「財産がたくさん貯まるように」との意味が込められています。

029

皮が破れないよう静かにゆっくり炊き上げるまでに5日をかける

黒豆蜜煮［おせち］

マメに働き、マメに暮らせるように――。

黒豆蜜煮には「健康でありますように」との願いが込められ、おせちには欠かせません。黒は、邪気を払い不老長寿をもたらす色と昔から信じられていました。質も味も最高級と言われているのが丹波黒豆です。

黒豆の炊き方は関東と関西で違います。関西ではまん丸と柔らかく炊くのに対して、関東ではシワが寄るまで炊き上げます。これには理由があって、「シワが寄るまで健康であるように」との願いが込められています。

燃やした藁(わら)の灰を入れて沸騰させた水をひと晩置くと灰が沈殿しますが、黒豆は本来、その上澄みの水を使って炊きます。これを「灰薬(はいやく)」と言います。

黒豆を約1日水に浸けたら、鉄の効果で色鮮やかに仕上がるよう錆びた釘などを入れて、皮が破れないように注意しながら、じっくり半日ほどかけて炊き上げていきます。それを静かにゆっくりと半日以上チョロチョロと水を流してさらします。

丘上げしたら、金団の栗と同様に仮蜜と本蜜で炊き上げ、最後にサッと濃口醤油を入れるのですが、グラグラ炊くと、黒豆の皮が破れてしまうので、絶妙な火加減が必要となります。最初に水に浸けるところから完成まで、トータルで5日ほどかけます。日本料理の職人でも、黒豆を上手に炊けるようになるまでには、相当な修業が必要です。

ちなみに黒豆には、ポリフェノールの一種であるアントシアニンが豊富に入っています。抗酸化作用があり、老化防止や肝機能の活性化も期待できるとされ、注目が高まっています。

030

巻き込む身欠き鰊（ニシン）を戻すのに米の研ぎ汁を使って4～5日

養老昆布巻（よろこんぶまき）［おせち］

養老昆布巻もおせちの定番。「不老長寿」や「喜ぶことが多くなるように」との願いが込められています。代表的なのは、昆布で鰊を巻いたもの。北海道や北陸地方では、昆布も鰊もとれるので、郷土料理にもなっています。

ちなみに身欠き鰊は、戻す作業に4～5日かけます。米の研ぎ汁を使って戻すのですが、毎日のように研ぎ汁を取り替えます。戻した鰊は、骨を取り除いてほうじ茶で煮ます。それを昆布で巻いて塩もみし、干瓢（かんぴょう）で結んでから、出汁と濃口醤油などで煮詰めるのです。できあがったら、切り口を見せるように盛り付け、針生姜などを添えてお出しするのが一般的です。

最近では、身欠き鰊ではなく、鮭（サケ）、鯖（サバ）、鱈子（タラコ）、鮪（マグロ）などを巻いたものも増えています。

031 海の魚を使った料理なのに「田作り（たづくり）」と呼ばれる理由

田作り［おせち］

田作りも、おせちの定番。地域によっては「五万米（ごまめ）」と呼ばれることもあります。一般的には、乾燥したカタクチイワシの幼魚を乾煎り（からい）りして、酒、濃口醤油、本みりん、砂糖、胡麻などで煮詰めたものです。煮詰め過ぎると固くて食べられなくなるので、味付けや煮詰め具合は、まさに職人の腕の見せどころです。

江戸時代、豊漁だったときの鰯（イワシ）の余りを、干してイリコ状にして田んぼにまいたところ、お米が驚くほど豊作になったことから、鰯は高級肥料として使われるようになったそうです。また、海の魚を使った料理なのに、「田作り」と呼ばれるのは、このため。そして、田植えのころに、豊年豊作祈願で鰯を食べる習慣が生まれました。

京都御所の年始の儀式でも、同じようにカタクチイワシが使われていたようです。

032

穴があるから未来がよく見える周囲をV字に切り込めば華のよう

華蓮根(はなれんこん)［おせち］

蓮根にはたくさんの穴があることから、「将来の見通しがよくなるように」との願いを込め、おせちにもよく入っています。

蓮根の周囲から穴と穴の間にV字の切り込みを入れ、角を穴に沿って丸くむくと、きれいな華（花）のようになります。それをスライスして酢水に漬け、水の入った鍋に入れて沸騰させます。ザルに上げて冷ましたら、水・本みりん・砂糖・酢・塩で作った甘酢に漬け込み、これでできあがり。

ピンク色をした華蓮根もよく見ますが、これは赤キャベツを甘酢漬けした際にできる、赤色に染まった甘酢などを使って色付けをしているものです。

033 子孫繁栄の願いが込められた数の子はいまや国産は貴重な存在

数の子［おせち］

数の多いことはよいこと——。

おせちに入っている数の子は「子孫繁栄」の願掛けです。ご存じの通り、数の子は鰊（ニシン）の魚卵。天日干しや塩漬けにした魚卵を、薄い塩水で戻す料理人もいれば、米の研ぎ汁で戻す料理人もいます。どちらも、塩味を抜くためですが、米の研ぎ汁を使うのは、エグミや苦味なども取る意味があります。

戻した魚卵を切って、そのままお出しすることもあれば、その上に鰹節をかけたりすることもあります。冷めた八方出汁（基本は割合で「出汁8・本みりん1・薄口醤油1」）にしばらく漬け込んでから、お出しすることもあります。

鰊が昆布に卵を産みつけたものを「子持ち昆布」と呼びますが、これも子孫繁栄の願いを込めて、おせちによく入っています。

有名な「ソーラン節」でも歌われているように、以前、北海道では鰊がよく獲れましたが、乱獲や異常気象の影響で激減しています。そのため、いまや国産の数の子は大変貴重な存在でもあります。

034

魔除けや清浄の意味が込められたおせちのなかの「初日の出」

日之出紅白蒲鉾（ひのでこうはくかまぼこ）［おせち］

お正月の蒲鉾は、だいたい紅白で用意しますよね。昔からお祝いのときは「紅白が縁起がよい」とされているからです。

半円形状をした形は「初日の出」を表し、紅（赤）には「魔除け」の、白には「清浄」の意味が込められています。めでたい食材として、結納料理や婚礼料理などでもよく出てきます。

おせちで出される蒲鉾には、初日の出を感じさせる演出が施されていることがあります。切った蒲鉾の広い面の下側が段々状になっている場合がそれで、筋状の光が斜めに差し、太陽が上がり始めた様子に見立てた演出なのです。細かいことですが、ちょっとした切り方などにも、意味が込められているのです。

035 その形が示しているのは進化と教養と文化

伊達(だて)巻き［おせち］

伊達巻きは、長崎では「カステラ蒲鉾」と呼ばれることもあります。

伊達政宗が好んだからとか、たまごカステラを巻き込むことが「伊達(だて)」、つまりは「お洒落」だからとか、その由来にはいくつかの説があります。巻き込んだ形は昔の書物（巻物）に似ており、「進化」「教養」「文化」を表しているともされ、ほかにも、女性の着物に使われる伊達巻きに似ているからという説もあります。

伊達巻きは、白身魚や海老のすり身と溶きたまごを、本みりん・砂糖・酒・薄口醤油などで焼き上げ、熱いうちに鬼巻き用の巻きすで巻き、そのまま冷ましたものです。お寿司屋で、たまごとすり身を使い調味料と合わせて作った厚焼きたまごを「玉(ぎょく)」として出したりするところもありますが、それを巻いたものが伊達巻きです。

036

ヒビが入ったり崩れたりしないよう料理人は手間暇をかけて作ります

海老芋六方（えびいもろっぽう）［おせち］

海老芋には、親芋から小芋がいっぱいつくことから「子宝に恵まれるように」との願いを込め、また、六方にむくのは「亀は万年」の亀の甲羅を意味しています。芋はヒビが入ったり、そのヒビから煮崩れしたりすることがよくあるので、料理人は、それを防ぐために手間をかけます。

まず、芋を天日干しして〝あまみ〟を出しておきます。天地（芋の上と下のこと）を切ってから六方にむき、ぬめりを取るため塩揉みして流水できれいに洗ったら、沸騰したお湯にその芋を浸けて冷めるまでそのまま放置。こうすることで芋に水分が含まれ、ヒビが入りにくくなるのです。

037

大根と人参は8対2で紅白の水引をイメージする

紅白膾（こうはくなます）［おせち］

紅白膾は、お祝いの紅白の水引をイメージしています。

もともと日本には、野菜を生で食べるサラダ文化があまりなく、長く保存できる「お漬物」や「膾」にして頂くのが主流でした。日本の先人たちは、そうやって大切なビタミンを補給していたのです。

紅白膾は、人参と大根で作ります。大根8に対して人参2が、紅白のバランスが最も美しくなる割合。どちらもマッチ棒ほどのサイズに切ったものを、たて塩（海水と同じくらいの塩水に出汁昆布を少し差したもの）に30分ほど漬け込んでから、しんなりした大根と人参をよく絞って、甘酢に漬け込みます。これを柚子の釜に盛り付けたり、甘酢に柚子の果汁を入れたりすることもあります。

038

おせちの人気者に込められた「末広がり」や「長寿の願い」

海老［おせち］

おせちでは、よく海老が主役のように使われます。

伊勢海老や有頭の車海老などを使いますが、伊勢海老の場合は、尾から頭に向けて広がっているところから「末広がり」を意味しています。

伊勢海老を姿のまま酒と塩胡椒で蒸し焼きにし、雲丹（ウニ）で作ったソースを使う「うに焼き」にしたり、タルタルソースなどをかけてバーナーで焼き上げる黄金色の「黄金焼き」にしたり、たまごを効かせた天婦羅にして「黄金揚げ」にしたりします。

また、炊き合わせの「つの字海老艶煮（エビつやに）」には、「腰が曲がるまで長生きするように」との願いが込められています。有頭海老の背腸（せわた）を取り除いてから、爪楊枝でとめて、「つ」の字にしたり、「の」の字にしたりして調理しています。

039

おせちのなかの「宝物」は〝お口直し〟の役目も果たす

金柑甘露煮(きんかんかんろに)［おせち］

金柑は、おせちにもよく入っていて、なおかつこの時期の旬でもあります。「金冠」と書くこともあり、「宝物」を意味し、金運上昇の願いが込められています。

金柑は、ヘタを取り除いてから、全体に縦の切り込みを入れます。米の研ぎ汁を使って茹でて水にさらす、という作業を3回ほど繰り返し、縦に包丁を入れた所から、竹串を使って種をひとつずつすべて取り除くのです。それから蜜（砂糖を入れた水を沸かして2割ほど煮詰めたもの）で炊き上げていきます。金柑甘露煮は崩れやすいので、盛り付けにも気を使います。

ほかの柑橘類とは異なる独特のほろ苦さのある金柑ですが、おせちのなかでは「お口直し」のような役目も果たしているのです。

040
本みりんの入った出汁を活かすため大根はしっかりと「戻す」のが大切

大根旨煮［おせち］

大根旨煮も、おせちの定番のひとつ。この時期が旬の大根は、大地にしっかり根を張るので、「家の土台がしっかりして栄える」という意味が込められた縁起物です。柔らかく美味しく煮るために、まず米の研ぎ汁に、切った大根を入れてから火をかけ、柔らかくなるまで炊きます。この作業を「大根を戻す」と言います。

戻した大根を流水でさらして洗い、空蒸ししてから丘上げして冷まします。それから、出汁・本みりん・薄口醤油・塩などでゆっくり炊き上げるのです。

本みりんを使うのは、テリを付けたり、甘みを付けたりするためと思われがちですが、煮崩れを防ぐ「締める（硬くする）力」もあるからです。そのため、戻すときにしっかり柔らかくしておかないと、大根が硬くなってしまうことがあるのです。

041

出世の願いが込められた縁起物は京野菜やなにわ野菜としても有名

慈姑(くわい)［おせち］

慈姑は、お正月のおせちでしか見ることがありませんが、農機具の鍬(くわ)に似ているところから「鍬芋(くわいも)」になり、それがいつしか「くわい」と呼ばれるようになったようです。歴史は古く、平安時代のころから日本にある野菜で、食感がホクホクしていてほろ苦いのが特徴です。京都府の「京野菜」としてのほか、大阪府吹田市の「吹田くわい」と呼ばれる「なにわ野菜」としても有名です。広島県福山市も産地として知られています。

慈姑には芽が出ているので、そこから「芽が出る」、つまりは出世の願いが込められ、目出たい縁起物とされています。

そのまま六方で皮をむいて調理するほか、松笠(まつかさ)や鈴の形にむいて調理することもあり、出し方はさまざまです。

慈姑は、日本料理の料理人にとって「お正月が来るんだなぁ」と感じる食材のひとつでもあります。

042

鏡餅は「ご供物」兼「正月飾り」そのルーツは〝三種の神器〟

鏡餅

鏡餅は年神様への御供物であり、正月の飾りです。

三種の神器のひとつ「八咫鏡」の形が丸だったので「丸餅」とも言われます。神社の神殿には大きな丸い鏡がありますが、「己自身の我を外しなさい」ということから、「かがみ」の「が」を抜くことで「かみ（神）が見える」という意味も込められているそうです。

丸餅の上には、三種の神器のひとつ「八尺瓊勾玉」に見立てたお供えの橙を飾りますが、橙を使うのにも意味があります。「子孫が代々（だいだい＝橙）栄えるように」という願掛けです。三種の神器にはもうひとつ「草薙剣」がありますが、それに見立てた串柿を飾ることもあります。この場合、串に干し柿を10個刺しますが、この10個にも意味があり、両端から数えて「2」と「2」を「夫婦」、その間には干し柿が6個ありますが、それを「仲睦まじく＝6つまじく」ということで、「夫婦円満に」という願いが込められているのです。

鏡餅のほか、門松や注連縄などは、末広がりの「八」が縁起がよいことから12月28日に飾るのがよいとされています。一方、29日は「九」が「苦しむ」を連想させることから縁起が悪いと考えられています。

鏡餅を下げる日を「鏡開き」と呼びますが、これは1月11日に行います。包丁で切るのは切腹を連想させるということで、木槌で割るのが本来のやり方です。お汁粉や焼き餅にして頂くと、とても美味しく、ついつい手が止まらなくなります。

043

歌いながら包丁で叩いて作る平安時代から続く日本の行事食

七草粥（ななくさがゆ）

「七草粥」は、1月7日（人日（じんじつ）の日）の朝に食べる日本の行事食です。平安時代のころからあると言われています。

『御伽草子（おとぎぞうし）』の七草草子に、こんな説話があります。ある親孝行な人が、100歳を過ぎた親の身体の調子があまりよくないことから、どうにかしてよくなるよう、神様にお願いしたところ、6日までに7種の草を用意して7日に食べなさいとのお告げがありました。実際にその通りにしてみたところ、一口で10年、七口で70年若返った……という話です。

七草とは、関東では「セリ」「ナズナ」「ゴギョウ」「ハコベラ」「ホトケノザ」「スズナ」「スズシロ」のことを指します。これらをまな板の上にのせ、「七草なずな 唐（とう）

土の鳥が 日本の国に 渡らぬ先に すとんとんとん」と歌いながら包丁の背などで叩き、お粥に入れたりして、朝食で頂きます。

七草粥ではありませんが、日本各地に七草粥の時期（地方によって時期は多少異なる）に頂く料理があります。その一部を紹介しましょう。

- **あずきもち…**北海道の松前地方。焼き餅入りの粒あん汁粉。1月7日
- **けえの汁…**岩手県の平泉など。根野菜と大豆を煮込んで味噌味をつけた「けの汁」に、餅入りの小豆粥を添えたもの。1月7日
- **なめし…**千葉県八街市。小松菜の菜飯。2月7日
- **あかぞろ…**富山県富山市。煮た切り餅に甘い小豆汁をかけたぜんざい。2月15日
- **七草雑煮…**和歌山県和歌山市。ナズナなどを入れた味噌仕立ての雑煮。1月7日
- **白和え…**香川県香川市。神前に供えたほうれん草を白和えにした物。1月7日
- **ななとこいのずし…**鹿児島県薩摩川内市。野菜や鶏肉を炊き込んだ醤油味のおじや。1月7日
- **じゅーしー…**沖縄県沖縄市。正月に仏前に供えた米を炊き、野菜類を加えたおじや。

1月7日

地方によって、入れるものや、日にち、味付けはさまざまですが、七草粥に込められている想いや願いは同じです。

第3章

すべての日本料理に意味がある

献立名ひとつとっても、その由来や意味がわかると、料理の深みや味わいが増します。ここでは、由来や意味にフォーカスし、日本料理の魅力や凄さをたっぷりご紹介します。

044

福岡の博多の名産品ではない着物の帯が由来の日本料理名

博多

献立に「博多」という言葉を見つけて、「これは何だろう？」と思われたことはありませんか？

「○○の博多」とは、ミルフィーユのように層にしたものを、切り口が見えるようにしてお出しする料理のことです。

なぜ「博多」なのでしょう。

着物の「博多帯」をご覧になったことはあるでしょうか？ 折り柄をじっくり見ると、2色以上の違う色が層のようになっています。これと同じように、料理の層になった模様がまるで博多帯のようであることから、そう呼ばれるようになったのです。

例えば、細魚（サヨリ）や鯛などを酢じめし、その身の間に春菊や菜の花をボイルして挟み、上から重石をして、切り口をお客様に見せるように盛り付けて、かけ酢（三杯酢）をかければ、「季節の博多の酢の物」となります。

ほかにも、さまざまな食材を重ね合わせて焼けば「博多焼き」。例えば、茄子のスライスで魚を挟んで蒸して焼いたものなどがあります。重ね合わせたものを揚げれば「博多揚げ」。蓮根や筍のスライスで魚のすり身を挟んで蒸してから、天婦羅で揚げたものもあります。

「博多とは、重ねた物」と覚えておけばよいでしょう。

045

ぐるぐる巻いただけではない渦巻き模様に込められた意味

鳴門（なると）

「鳴門巻き」とは「渦巻き模様の練り物」と言ったら、おわかりになるでしょう。この「鳴門」は、兵庫県と徳島県との間にある鳴門海峡の渦潮が由来。魚のすり身で作りますが、関東圏のラーメンによくのっているアレと言ったらピンとくるかもしれませんね。

実は、鳴門巻きには表と裏があります。ひらがなの「の」の字に見える方が表なのです。

昔からひらがなの「の」は、「無限」「成長」「生命」などのシンボルと考えられていました。なので、ちゃんと「の」と見えるようにお出しすることが大事なのです。

ちなみに、「の」の字の料理は、おせちでも使われることが多く、神聖な食べ物と考えられていました。例えば、穴子の「鳴門煮」や「鳴門揚げ」、鰻（ウナギ）の「鳴門焼き」、太刀魚の「鳴門焼き」、烏賊（イカ）と海苔を使った「烏賊鳴門造り」などがそうです。切った断面の「の」の字を表にして盛り付けることで、ただの「巻物」ではなく「鳴門」という料理名になるのです。

と考えると、「穴子の巻物煮」というよりも、「穴子の鳴門煮」の方が、なんだか風流な感じがしませんか？

046

蕎麦を使った料理には名産地の名前が使われる

信州

蕎麦の名産地である「信州」を、蕎麦を使った料理の献立に使うことがよくあります。鰹節の「土佐」などと同じく、名産地を料理名にします。

例えば、「信州蒸し」は、薄塩をした白身魚（小鯛、甘鯛、鰆（サワラ）、太刀魚など）を、茹でた蕎麦に卵白に付けて巻いたり、あるいは蕎麦を魚で巻いて蒸し、銀餡（ぎんあん）（鰹と昆布の出汁に本みりんと薄口醤油で味付けしたものを沸かして、水溶き葛（くず）でトロミをつけたもの）をかけて頂きます。

信州蒸しを焼けば「信州焼き」、天婦羅にすれば「信州揚げ」になります。

ちなみに、信州と言えば、「信州味噌」も有名です。信州味噌を使ったお味噌汁の献立名を「お味噌汁」とせず、あえて「信州仕立て」とすることもあります。

047 上手に保存すれば1か月もつ外国由来の〝日本のマリネ〟

南蛮

「南蛮漬け」や「鴨南蛮」など、お品書きに「南蛮」の文字を見ることがあります。「南蛮渡来」という言葉もあるように、料理の世界での「南蛮」は、ポルトガルやスペインなどから東南アジアを経由してきたものを使った料理のことです。香草（玉葱（たまねぎ）や白葱（しろねぎ）などの葱類）、香辛料（一味、七味、胡椒など）、油などを使った料理です。

油で揚げたものを、葱類や香辛料（鷹の爪）などと一緒に、南蛮酢（水・酢・本みりん・薄口醤油・砂糖などで作る酢）に漬け込んだものが「南蛮漬け」です。代表的なものに「鰺（アジ）の南蛮漬け」がありますが、鰺に限らず、多くの魚に合い、また鶏肉や豚肉などのお肉で作っても美味しくなります。

南蛮漬けを美味しく漬け込むにはコツがあります。揚げたての食材と葱類を入れた容器に、できたてアツアツの南蛮酢をたっぷり注いで、そのまま冷めるまで置いておくのです。すると、冷めるときに味が染み込んでいきます。

保存するときは、南蛮酢から玉葱などが浮かないよう空気を抜きながらラップを水面に落とし、すべてが南蛮酢に浸かった状態にして、冷蔵庫に入れておきます。これなら1か月ほど置いても大丈夫です。ただし、南蛮酢から具材が浮いていたりすると、そこからカビが生えたり腐ったりすることがあるので、注意してください。

日本の食文化でもある膾（なます）と同様、南蛮漬けは保存食でもあります。「日本のマリネ」と言い換えてもよいかもしれませんね。

ちなみに、料理人によっては葱を使った料理に「難波（なんば）」という言葉を使うことがあります。「難波」と「南蛮」、響きが似ているので同じように感じられるかもしれませんが、南蛮とは由来が異なり、大阪の難波が葱の有数の産地であることから付けられたものです。「土佐」や「信州」のように、特産品の地名を献立に使うのと同じで、例えば、鴨と葱で「鴨難波」となります。

048

関東と関西で呼び名は違うけど関西ではポルトガルのお菓子が由来

飛龍頭（ひりゅうず）とがんもどき

水切りした豆腐に山芋と卵白を混ぜ合わせ、人参・牛蒡（ごぼう）・蓮根（れんこん）などの刻んだ野菜を混ぜて丸い形にして揚げたものが「飛龍頭」です。関東では「がんもどき」、関西では「ひりょうず」や「ひろうす」とも言います。煮物にしたり、おでんの具材などにしたりしますが、元々は精進（しょうじん）料理のお肉の代わりの「もどき」から来ています。

「がんもどき」の由来には諸説あり、鳥の雁（がん）の味に似せているからという説や、鶏肉のミンチなどに味付けをして、たまごほどの大きさにして蒸したり煮たりすることを「丸（がん）にする」と言いますが、それに似せているからという説などがあります。

「飛龍頭」は、ポルトガル語の「フィリョース（小麦粉とたまごなどを混ぜ合わせて丸くして油で揚げたお菓子）」から来ているようで、漢字の当て字で「飛龍頭」としたようです。

飛龍頭は、お稲荷さんなどと同じように、たくさんの出汁を含んでいるので、冷めても美味しく頂くことができます。

049

季節の変わり目の体調変化に備え魔除けと暑気払いの意味を込めた

水無月豆腐

水無月豆腐は、胡麻豆腐に小豆を散らしたもの。夏に旨出汁や割醤油などと、山葵で頂きます。ちなみに、「旨出汁」は言わゆる八方出汁（出汁8、本みりん1、薄口醤油1）を沸騰させて冷ましたもの、「割醤油」は出汁2、濃口醤油1で割ったものです。

「水無月豆腐」の名前は、京都の銘菓「水無月」からきています。暑気を払う氷に見立てた三角形のういろうの上に、赤い色が魔除けの力を持つとされていた小豆を散らしたお菓子で、京都では6月30日の「夏越しの大祓の日」に食べる習慣があります。ちなみに大祓とは、6月30日（夏越し）と12月31日（年越し）に行われる、半年間の無事を感謝し、さらなる半年間の無病息災を祈る神事です。

水無月豆腐は、このお菓子の「水無月」を料理の形で表現したものです。

いまでこそ、日本の季節は4つあると考えますが、東洋医学では5つあると考え、「五季」と言います。日本の食文化は、東洋医学の影響も受けています。例えば、「医食同源」「一物全体(いちぶつぜんたい)」「身土不二(しんどふじ)」のほか、「薬に酸味、鹹味(かんみ)（塩辛い味）、甘み、苦味、辛みの五味あり。季節も五季あり」などがそれです。

さて、「五季」ですが、春から夏、夏から秋、秋から冬、冬から春への季節の移り変わり目のことを「土用」と言います。昔は、この土用を季節のひとつと考えていたのです。土用の時期は、病いをこじらせてしまうことが多く、とくに春から夏への移り変わりには湿度も高く、命を落とす方も多かったようです。そのため、精がつくものを食べるようにしたり、神頼みをしたりしていました。その流れで、土用の丑で鰻(ウナギ)を食べるようになったり、祇園祭りや天神祭りなどの神事が行われたりするようになったのです。

そして、京都では一年の半分が終わる6月30日に、氷を形どった「水無月豆腐」を食べる習慣ができたのです。

050

とれたての栗は鮮度が命 旬なら茹でるだけで美味しい

丹波焼き

魚の焼き物の上に卵白のメレンゲをのせ、栗のスライスを差し込んで、その上から焼き目をつけたものが「丹波焼き」です。料理人によっては、皮をむいた生の栗をスライスする方もいますし、火を通した栗を細かく切る方もいます。秋の風物詩でもある栗を使った日本料理で、9月から10月にかけての一時にしか食べられない料理でもあります。

丹波焼きの「丹波」は、栗の名産地でもある京都の地名の丹波から付きました。黒豆でも有名な場所ですね。丹波焼という器の焼き物もありますが、丹波焼の器に丹波焼きを盛り付けるとなんとも粋です。

風味や味など、栗は鮮度が命です。とれたての栗は、冷蔵庫や冷凍庫で保管するのがおすすめです。茹で方には2つあります。皮付きで茹でる方法と、皮をむいて茹でる方法です。皮付きの場合は、鍋に栗を入れ、たっぷりの水で強火で沸騰させてから弱火で約1時間ゆっくり茹でます。皮むきの栗の場合は、中火から弱火で45分ほど茹でます。どちらの方法でも、それほど大きな違いはありませんが、私は皮をむいてから茹でています。皮付きで茹でると外側の鬼皮をむくときに栗を潰してしまうことがあるからです。

旬の時期の栗は、茹でただけでもホクホクと甘く、実に美味しくなります。みなさんもぜひ、旬の時期に召し上がってみてください。

051 桜餅は関東と関西で違うけれど蒸した葉はともに春の香りを運ぶ

桜蒸し

桜が咲くころによく出されるお菓子に、桜餅があります。関西の桜餅は、ピンク色の「道明寺（どうみょうじ）」のなかにあんこを入れ、桜の葉で巻いたもの。道明寺とは、大阪の道明寺というお寺の食いしん坊の僧侶が考えたもので、蒸した餅米を乾燥させたものです。保存しやすく、お湯をかけて蒸すとすぐお餅になります。桜の葉は、塩漬けにした葉を塩抜きして使います。

「桜蒸し」とは、この関西の桜餅からきている料理です。薄塩をした白身魚にピンク色の道明寺をのせ、桜の葉で巻いたものを蒸して、銀餡をかけて頂きます。蒸すことで、桜の葉からよい香りがしてくるので、春をそのまま頂く風情があります。

ちなみに、関東の桜餅は、関西とは違い、小麦粉を水で溶いてピンク色にしたクレープ状の皮を使います。その皮で、あんこを巻いて桜の葉で包むのです。これを「長命寺（ちょうめいじ）」と呼ぶこともありますが、東京の長命寺の桜餅は皮の色が白く、3枚の葉ですっぽり包まれた独特なもので、これが元祖という説もあります。

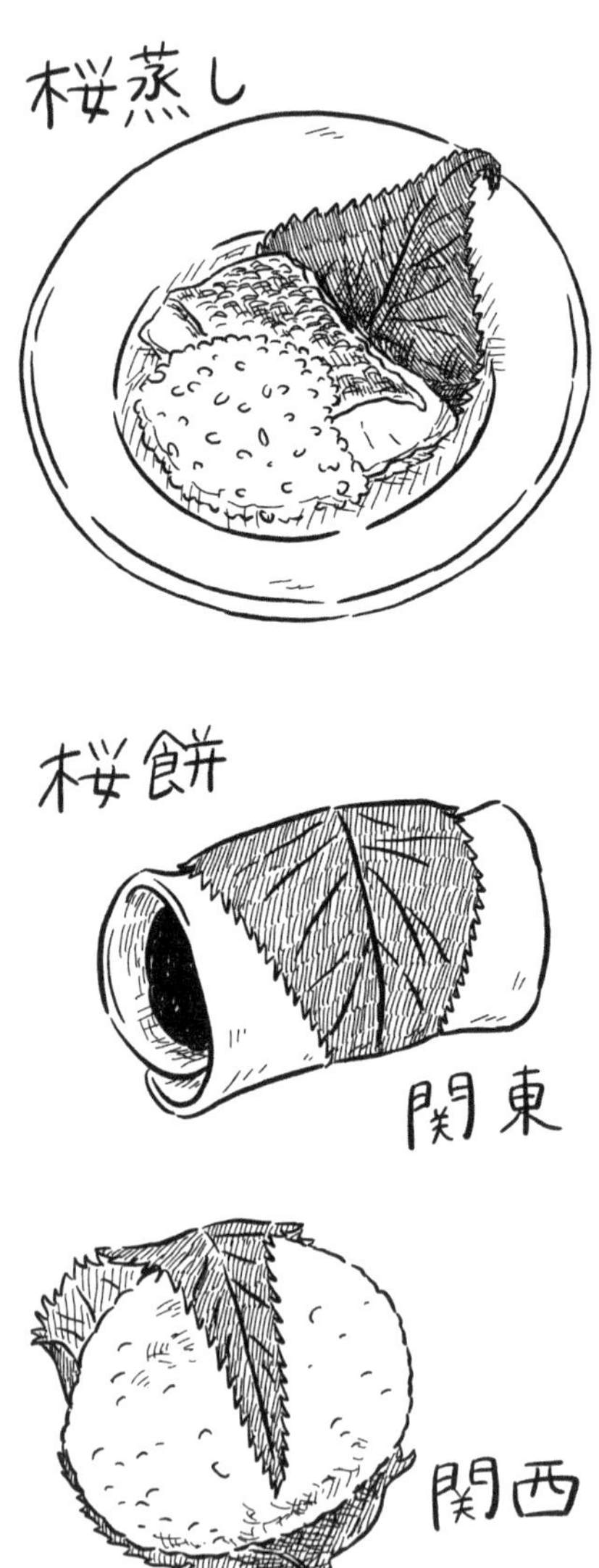

052

献立の言葉に注目すると料理発祥の地が見えてくる

丸十天婦羅

「丸十天婦羅」って、何の天婦羅かおわかりになりますか？　日本料理では、薩摩芋のことを「丸十」と呼びますが、薩摩芋の天婦羅が、鹿児島（薩摩）から日本全国に広まったことからそう呼ばれるようになりました。ちなみに「丸十」とは、薩摩藩の島津の家紋のことです。

このように日本料理の献立では、縁のある地名のほか、人名や名物などを使うことがよくあります。

ちなみに、鹿児島では、薩摩芋のことを、「唐の国から来た芋」ということで「唐芋」と呼んでいます。

「丸十」と同じように、鹿児島から全国に広まっていったものに「さつま揚げ」がありますが、これは地名そのものが、料理名に使われている例です。さつま揚げのことを、鹿児島では、「つきあげ」もしくは「ちけあげ」と呼んでいますが、これは琉球（沖縄）の「チキアーギ（魚のすり身を揚げた料理）」が由来で、琉球から薩摩に入って、「ちけあげ」や「つけあげ」になったとされています。ほかにも、突き上げるように混ぜて揚げることから「つきあげ」になったなどの説もあります。そして、薩摩から全国に広まったことから「さつま揚げ」となっていきました。

ちなみに、西日本では、この「さつま揚げ」のことを「てんぷら」と呼ぶこともありますが、天婦羅とは、水で溶いた小麦粉をつけて油で揚げたものです。製法からすれば、さつま揚げは天婦羅ではありません。そして、丸十天婦羅は文字通りの天婦羅です。

まぎらわしいのは「ジャコテン」。「テン」が付いていますが、さつま揚げと同じようなもので、天婦羅でありません。

053

信太(しのだ)、稲荷、きつね……好物が献立になりました

信太

薄揚げ（油揚げ）を使った料理に「信太」という言葉を使うことがあります。これは、大阪の信太にある、信太森葛葉稲荷神社(しのだのもりくずのはいなり)と関係があると言われています。狐(きつね)の好物が油揚げであるという「信太の森の狐伝説」がその由来とされています。

「信太」を使った料理で代表的なものが「信太巻き」です。熱湯で油抜きをした薄揚げを開き、野菜・魚介のすり身・肉・豆腐などを巻いて蒸して、それを出汁で炊いたものです。精進料理では豆腐と野菜を巻いたものが使われます。また、おでんの種にしたりすることもあります。薄揚げを使う料理には「信太」のほかにも、「稲荷」や「きつね」という言葉を使うことがあります。「いなり寿司」や「きつねうどん」なども、ともに薄揚げを使っていることからそう呼ばれているのです。

054

9月15日は何の日？ 郷土料理を語呂合わせで記念日に

飛鳥鍋と石狩鍋

「飛鳥鍋」は牛乳を使った鍋のことです。鶏ガラの出汁に牛乳を加え、白味噌や醤油などで味付けをします。鶏肉と野菜のこの鍋は、奈良県の明日香村に伝わる郷土料理。この「明日香」が「飛鳥」に転じたと言われています。

ほかにも、飛鳥時代に唐から来た僧侶が、寒さをしのぐために作った〝ヤギの乳を使った料理〟からきているとか、孝徳天皇（在位645～654年）のころからある牛乳で炊いた料理からきているという説もあります。

同じ牛乳を使った鍋に「石狩鍋」もあります。昆布出汁を味噌で味付けし、隠し味に酒粕・バター・牛乳などを入れてコクを出した鍋です。主役は生の鮭（サケ）の骨や身で、ほかにキャベツ・玉葱（たまねぎ）・大根・人参・長葱（ながねぎ）・豆腐・椎茸・じゃが芋などを入れます。

食べる前に山椒をひと振りするととても美味しくなります。石狩川の鮭の産卵時に合わせてできた料理で、北海道の食材を使っていることから、いまや北海道の郷土料理となっています。

ちなみに、鮭が獲れる時期に合わせて9月15日は、「915＝食いに行こう」ということで、語呂合わせから「石狩鍋記念日」となっています。

055

由緒ある京都のお寺が由来 健康にもよいヘルシーな食材

東寺（とうじ）

「東寺巻き」「東寺煮」「東寺蒸し」「東寺揚げ」「東寺和え」のように、献立に「東寺」という言葉が使われることがあります。日本料理の献立に出てくる「東寺」とは「湯葉（ゆば）」のことです。

その昔、京都の東寺で湯葉が作られていたことや、東寺の周囲に湯葉屋さんが多かったことから、湯葉を使う料理に「東寺」が使われるようになりました。いまや湯葉は京料理だけでなく、日本料理には欠かせない食材のひとつです。余談ですが、鹿児島で育った私は、料理の世界に入るまで湯葉の存在を知りませんでした。

湯葉には、「生湯葉」と「干し湯葉」があります。さらに、生湯葉には「引き上げ湯葉」と「汲み上げ湯葉」があります。

「引き上げ湯葉」は、豆乳を温めると表面に膜ができますが、それを長い箸や竹串で寄せて引き上げたシート上の湯葉のことです。関東では「たぐり湯葉」とも言います。「汲み上げ湯葉」は豆乳分が多くドロッとしています。豆乳の温度が上がっていないときに汲み上げた湯葉で、箸でつまみ上げることから「つまみ湯葉」とも言います。

ともに生湯葉は、山葵（わさび）醤油で食べるのが美味しいので、ぜひ試してみてください。生なので消費期限は2日ほどですが、とてもヘルシーで、「更年期障害」「老化防止」「生活習慣病予防」「認知症予防」も期待できるとされています。

干し湯葉には、半乾燥と完全乾燥のものがあります。豆腐や魚のすり身に下味を付けて野菜を混ぜ込んだものを、半乾燥の湯葉で巻き込んで揚げたり、お吸物や煮物などに入れたりします。

056 もともとは魚の保存方法のひとつ これも京都の地名が付いた献立

西京焼き

「西京漬け」のように、献立に「西京」という言葉が使われることがあります。いまでは米味噌の荒味噌に本みりんや酒などを入れて少しのばした「西京味噌」に漬けた料理のことを指します。

もともとは平安時代の魚の保存方法のひとつでした。平安京西部の西京区で生まれたなど、由来には諸説あるようです。

本来は京都の甘い白味噌を酒と本みりんでのばし、鰆(サワラ)、真魚鰹(マナガツオ)、鮭(サケ)、鱈(タラ)、鯖(サバ)などを漬けていました。西京漬けにして、それを焼いたものが「西京焼き」です。

味噌に漬かっているので、味噌を酒や本みりんで洗い流してから、弱火もしくは遠火でじっくり焼くのがコツです。強火で焼くとすぐに焦げてしまいます。焼き上がりに本みりんを少し塗ると照りが付いて美味しそうに見えますので、ぜひご家庭でも試してみてください。

お酒やご飯のお供に、とても合う一品です。

057

同じ鶏肉を使っていても骨付きと骨なしで呼び名が変わる

筑前煮とがめ煮

「筑前煮」と「がめ煮」は、ともに福岡の郷土料理です。筑前地方の郷土料理である筑前煮は、鶏肉・人参・蓮根(れんこん)・蒟蒻(こんにゃく)・牛蒡(ごぼう)・大根などの具材を、先に油で炒めてから、出汁と砂糖・本みりん・醤油などで味付けをするのが特徴です。最初に甘みを含ませてから、醤油を入れてコトコト煮詰めていきます。

筑前煮がほかの煮物と大きく違うのは、最初に油で炒めるところ。こうすることで具材が油でコーティングされ、味にコクが出て、さらに灰汁止めにもなります。

筑前煮とがめ煮の違いは、鶏肉の部位の違いです。がめ煮は骨付きで、筑前煮は骨なし。ほかはすべて同じです。たまごを産まなくなった鶏を丸ごと使うために骨付きで作った名残だとも言われています。

058 たまごでとじるかとじないかで呼び名が変わる鍋がある

柳川鍋

江戸時代には、ドジョウも牛蒡も精の付く食材として、季節の変わり目、すなわち「土用」の時期に食べられていました。

「柳川鍋」は、柳川焼（福岡県柳川産の器）の土鍋にのせた開いたドジョウと笹掻き牛蒡を、本みりんと醤油の割下で煮て、溶きたまごでとじたものです。刻み葱や三つ葉などを上に置いてお出しします。ドジョウも牛蒡もたまごも、江戸時代には、鰻と同様に精の付く食材として、湿度の高い時期や暑い時期によく食べられていました。

最近では、肉（牛肉・豚肉・鶏肉）と笹掻き牛蒡を同じように調理したものを、「○肉の柳川」とか「○肉の柳川風」などとして、献立にすることもあります。

そもそも「柳川鍋」の名前の由来には諸説あります。江戸の下町が発祥で、料理を考案したお店の屋号が「柳川」だったからとか、土鍋に柳川焼を使ったからなどと言われていますが、なかには福岡の柳川が由来という説もあります。

ちなみに、「柳川鍋」と「どぜう鍋」との大きな違いは、柳川鍋がたまごでとじるのに対し、どぜう鍋はたまごでとじないところです。また、柳川鍋は開いたドジョウを使いますが、どぜう鍋は開かない丸の状態のものを使います。生きたドジョウを酒に漬け込んで静まったら、牛蒡と葱と一緒に甘辛い出汁で煮込んで、山椒や七味などを振って頂きます。

059

まかない料理としてもよく作られる汁物です

船場汁(せんばじる)とけんちん汁

「船場汁」は、大阪市中央区の問屋街である船場で生まれた料理です。

元々は塩鯖(シオサバ)の頭や身などと、人参や牛蒡(ごぼう)など「けんちん」と呼ばれる野菜のクズを刻んだものを、水からコトコト煮て、薄口醤油と塩で味付けし、葱や生姜などで臭みをとったもので、寒い日に食べると身体がとても温まります。

単価が安いことに加え、時間をかけずに食べることができ、しかも身体が温まることなどが、忙しい問屋街には適していたのでしょう。

一方の「けんちん汁」は、精進料理です。大根・人参・牛蒡・小芋・蒟蒻(こんにゃく)などを胡麻油で炒め、昆布出汁もしくは干し椎茸の出汁で炊き、薄口醤油と塩で味付けしたすまし汁です。鎌倉にある建長寺の僧侶が作っていたことから、「建長汁」が転じて「けんちん汁」と呼ばれるようになったという説のほか、普茶料理（江戸時代初期に中国から来た精進料理で、大皿に乗せて取り分ける料理）の巻繊（野菜を刻んで豆腐と混ぜ、それを炒めて油揚げに包んで揚げた料理）から来ていて、野菜や豆腐などを使っていることから「けんちん汁」となったなどの説があります。

現在では船場汁もけんちん汁も、野菜のクズに加えて、貯め置いた魚や肉の切れ端なども入れ、料理人のまかない料理としてもよく作られます。

船場汁

060 臭みやえぐみを消してコクと酸味で美味しくなる

甲州煮

「甲州煮」の名は、ブドウの名産地である甲州（山梨県）から来ています。主に赤ワインを使い、甘めの調味料などで煮たものです。白身魚、牛肉、鶏肉、蓮根（れんこん）、冬瓜（とうがん）なども、甲州煮にしてお出しすることがあります。

ワインを使うことで嫌な臭みやえぐみが消え、コクが出ます。また、酸味も加わり、とても美味しくなります。他にも無花果（いちじく）、トマト、梨（なし）、りんご、桃などをコンポートのようにワインで煮て、デザートとしてお出しすることもあります。

ちなみに、「ぶどう豆（黒豆をふっくら炊いたもの）」や小茄子を煮た「ぶどう茄子（小茄子を瑠璃色にして煮たもの）」など、ブドウの形に似せた料理のことも「甲州煮」や「ぶどう煮」と呼ぶことがあります。

061 この料理に込められた願いは細く長く幸せが続きますように

八幡巻き(やわたまき)

牛蒡(ごぼう)を使った献立に「八幡」という言葉を使うことがあります。これは京都府八幡市の「八幡」。八幡市は牛蒡の名産地で、八幡牛蒡は江戸時代に毎年将軍に献上されていました。

「八幡巻き」は、細く切って味付けした牛蒡を鰻(ウナギ)や穴子などで巻き、甘辛く煮たり、タレ焼きしたりして切り出し、山椒を少し振った料理です。八幡市の郷土料理で、太刀魚や鱧(ハモ)を使うこともあります。最近では、牛肉や豚肉などで牛蒡を巻くこともあります。牛蒡が細くて長いことから、「細く長く幸せが続きますように」という願をかけて、「おせち」に欠かせない料理でもあります。歯応えもあり、甘辛いタレが染みて、お酒のアテにも、ご飯のおかずにもよく合います。

062
煎って、すって、香ばしい利久(りきゅう)と呼んだり、南部と呼んだり

利久

「胡麻和え」のことを「利久和え」、「胡麻豆腐」のことを「利久豆腐」と呼ぶなど、胡麻を使った料理に「利久」という言葉が使われることがあります。かの千利休が健康食品として胡麻を食べていたことから、そう呼ばれるようになったとされています。「利休」ではなく「利久」なのは、「休」の字は縁起が悪いからです。

また、胡麻を「南部」と呼ぶ地域もあります。青森県南部や岩手県北中部に広がる南部地方（南部鉄器でもおなじみ）で胡麻を育てていたことから、そう呼ばれるようになりました。

岩手県には「南部煎餅」というお土産がありますが、これは胡麻の付いた煎餅です。焼き型からはみ出した縁(みみ)を残した煎餅は、囲炉裏端で焼いていたころの昔ながらの形

そのもので、次々と手の出る美味しさです。最近、この南部煎餅がヴィーガン認証を受けたと話題にもなりました。ほかにも、胡麻をまぶした揚げもののことを「南部揚げ」と呼んだりもします。

胡麻には、「白胡麻」「黒胡麻」「金胡麻（黄胡麻／茶胡麻）」などがあります。基本は白胡麻ですが、黒胡麻は栄養が白胡麻よりも豊か。香りもコクも白胡麻よりあり、鹿児島県や沖縄県などの南の地方が産地です。金胡麻は白胡麻や黒胡麻よりもさらに栄養が豊富で、香りもコクも味も勝ります。その分高価で、料亭などでよく使われます。主な産地は、鹿児島県、京都府、大阪府（茨木）などです。

胡麻の香りは私も大好きです。国産の胡麻を煎って、すり鉢ですると、なんとも言えない独特な芳ばしい香りがただよってきて、ご機嫌になります。

063

豊臣秀吉の時代に禁止され伊藤博文が解禁した魚

河豚（フグ）

ひと言で「河豚」とは言っても、その種類はわかっているだけでも約60種類にもなるそうです。そのなかで、日本で食べてもよいと許可が出ている河豚は22種類。みなさんもよくご存知のように毒があるので、お客様に提供する場合には、各都道府県による「ふぐ調理師免許」が必須になります。

河豚のことを日本料理では「テツ」と呼びます。お刺身が「てっさ」、お鍋が「てっちり」、皮が「てっぴ」です。

ではなぜ、河豚を「テツ」と呼ぶのでしょうか？　実は、この「テツ」は「鉄砲」の鉄から来ています。勘のよい方なら、もうおわかりかもしれませんね。河豚も鉄砲も当たったら死ぬからです。

ではなぜ、漢字で「河豚」と書くのでしょうか？　その理由は、中国にあります。もともと黄河にいた河豚が食べられていたことから「河」の字が、そして陸にあげると、ブーブーと豚のように鳴くことから「豚」の字が使われるようになりました。それが日本に伝わってきたのです。日本では、貝塚から河豚の骨が見つかることがあり、縄文時代からすでに食べられていたと考えられています。つまり、そのころからずっと日本人が愛してきた魚なのです。

ところが、豊臣秀吉が天下をとったころ、河豚を食べて亡くなる人があまりにも多かったために河豚禁止令が出され、江戸時代に入ってからも藩によっては河豚禁止令が続いていました。

「下関の河豚に毒はなし」

これは、伊藤博文の言葉です。

初代総理大臣として地元山口県の下関を訪問したときに泊まった旅館で、海がシケていたために河豚しかなく、女将さんが怒られるのを覚悟してお出ししました。それを食べた伊藤博文が、河豚を美味しいとたいそう気に入り、これが「河豚の解禁」宣言をした形になって、ふぐ調理師免許を持っている人が調理した河豚であれば、食べることができるようになったのです。

もちろん、私たちが安心して河豚を美味しく食べられるようになるまでには、多くの方が亡くなったと思われます。でも、そのお陰で、いまでは安心して食べることができるのです。そういう意味でも先人には、感謝しなければいけません。

064

料理で「丸(まる)」と呼ばれるのは諺(ことわざ)の「月とスッポン」と同じ理由

スッポン

日本料理では、スッポンのことを「丸」と呼びます。鍋を「丸鍋(まるなべ)」、お吸物を「丸吸(まるすい)」、スッポンのコースを「丸コース」と呼びます。

スッポンが「丸」と呼ばれる理由については諸説ありますが、スッポンをおろすときに甲羅をはずすと、甲羅がまん丸だからとも言われています。スッポンも「まん丸」、お月様も「まん丸」――。同じまん丸なのに、こんなに違うということで、「月とスッポン」という諺が生まれたとか。

実は私たち料理人のなかには、魚をおろすのは平気でも、スッポンはおろしたがらない人が多くいます。スッポンは魚と違って、手も、足も、さらには表情もあるからです。あのつぶらな瞳で見つめられると、包丁の手が止まってしまう気持ちはよくわかります。

私が若いころ、生まれて初めてスッポンを頂いたときは、その美味しさに震えがきました。とくにスッポンの出汁で頂く丸鍋は、唯一無二の美味しさだと思います。

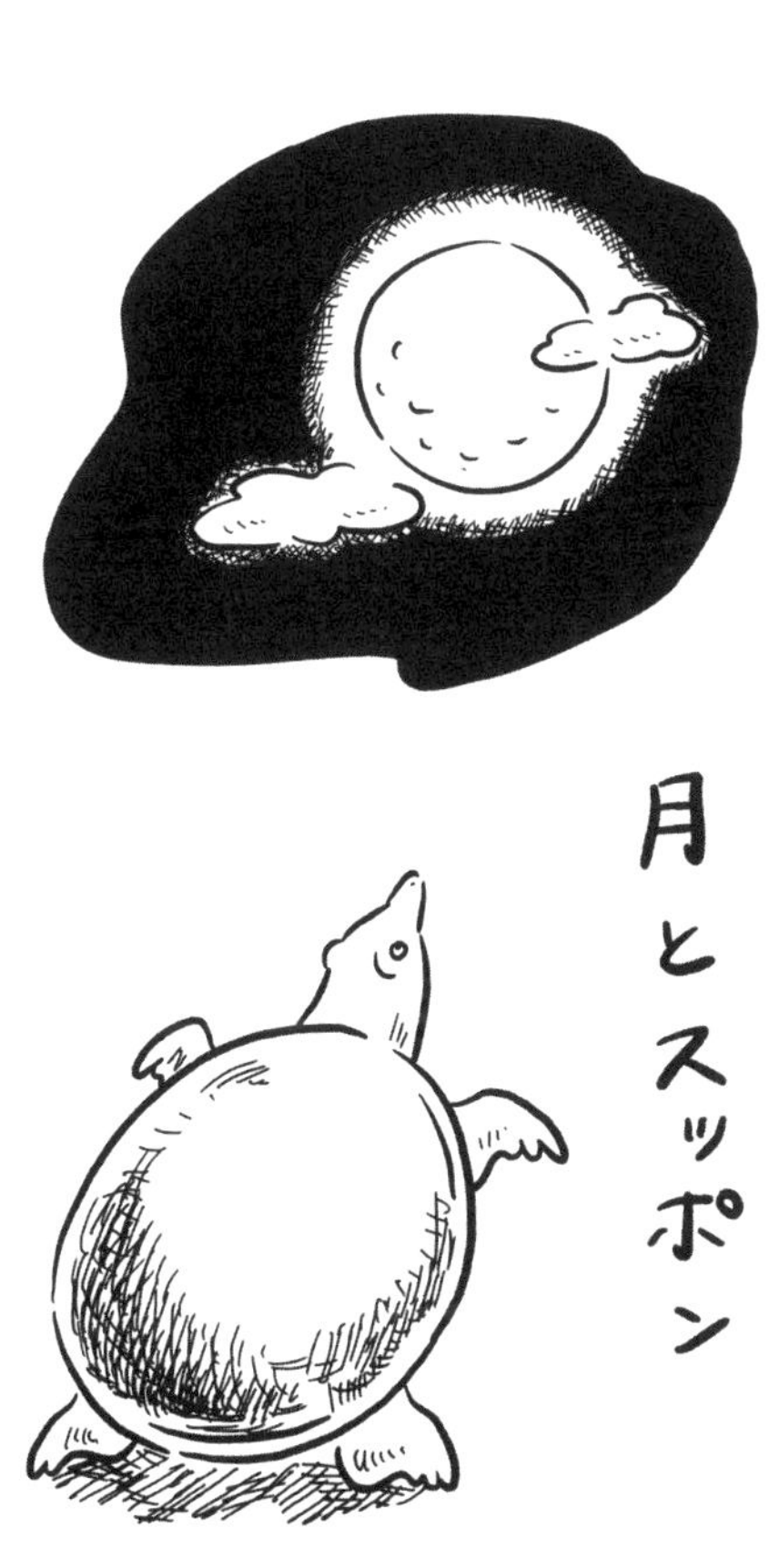

065

禁じられていたから花や植物の名前で呼んだ

牡丹（ぼたん）・桜・紅葉（もみじ）

牡丹肉は猪肉、桜肉は馬肉、紅葉肉は鹿肉のことです。戦国時代のころから獣肉食が禁じられていたため、隠語として、花や植物の名前が使われるようになったとされています。

猪の隠語である牡丹の由来には、屏風などに描かれる「獅子に牡丹」の、獅子（しし）と猪（いのしし）をかけているとの説があります。味噌味の「ぼたん鍋」が一般的ですが、肉を牡丹の花のように盛り付けることもあります。また、猪の肉に火を通すと真っ赤になりますが、それが鯨（くじら）の肉に似ていることから「山くじら」や「くじら肉」と呼ばれることもあります。

馬の隠語の桜の由来にも諸説ありますが、馬肉を切ると赤身の部分が桜色になるからとか、幕府の馬の牧場が千葉県佐倉市にあったからなどと言われています。刺身などさまざまな料理があり、すき焼きのような味付けにした「桜鍋」もあります。

鹿の隠語である紅葉は、花札の絵柄から来ていると言われます。余談になりますが、紅葉の絵柄に鹿がそっぽを向いているものが十月の札にありますが、この絵柄からそっぽを向いて無視することを「シカト」と言うようになったそうです。

ほかにも、鶏肉を柏肉（かしわにく）と呼んだりすることがあります。柏の茶色の葉と鶏肉の色味が似ているなど、由来には諸説ありますが、鶏肉は江戸時代にはすでに食べてもよいとされていました。兎肉は「月夜（げつよ）」と呼ばれ、その由来は「兎と言えば月」だから（諸説あり）。ちなみに兎肉は、獣ではなく鳥として食べていたため、鶏と同じように「1羽」「2羽」と数えます。

牛肉や豚肉に隠語がないのは、江戸時代には食べられていなかったからです。つまり、「牡丹」「くじら」「桜」「紅葉」「柏」「月夜」などは、それぞれ猪肉、馬肉、鹿肉、鶏肉、兎肉が食べられていたので、隠語が生まれたというわけなのです。

066

おひたしや刺身で食べられるなら「饅（ぬた）」でも美味しく頂けます

饅和え

「饅和え」は酢味噌で和えた料理のこと。元々は郷土料理から来ています。見た目がドロッとした沼田を連想させることから、そう呼ばれるようになりました。「饅膾（ぬたなます）」と呼ばれることもあります。

鹿児島県では麦味噌に米酢と砂糖で、高知県では白味噌にゆず酢と砂糖で味付けをするなど、地方ごとに「饅」は変わります。

地方色があるとはいえ、饅の基本は「お味噌」「酢」「砂糖」です。調味料というより、和のソースの一種と考えたほうがよいかもしれません。辛子（からし）などを混ぜて「辛子酢味噌」として使うこともあります。サッと湯通ししてから絞り込んでぬめりを取ったわけぎ（葱（ねぎ）類）に和えたりするのがポピュラーです。お酒のお供にも、ご飯のお供にもなります。

葱類のほかでは、ラッキョウ、ニラ、ノビル、ギョウジャニンニクなども饅との相性がよく、魚介類では、青柳や赤貝などの貝類、鰯（イワシ）、キビナゴ、鮪（マグロ）、ホタルイカなどともよく合います。

基本的におひたしにしたり、刺身で食べられるものは、「饅」にしても美味しいと考えてよいでしょう。コクがあってさっぱりとしている饅和えもぜひ味わってみてください。

067
時雨(しぐれ)の時期の旬の素材を使い ご飯にも合えば、お酒にもよく合う

時雨煮

「時雨煮」と言えば、三重県桑名市の「時雨蛤(しぐれハマグリ)」が代表的です。晩秋から初冬にかけて、降っては止む雨のことを「時雨」と言いますが、この時期は蛤と生姜が美味しくなります。そのことから、生姜を使って甘辛く煮たものを「時雨煮」と呼ぶようになりました。佃煮の一種ですが、時雨煮は生姜を使うのが特徴です。

桑名市では、肉厚の濃厚な蛤がよく獲れていました。それを江戸の徳川家に献上しようとしましたが、蛤は足が早い（腐るのが早い）のでできません。そのため、保存のきく時雨煮にして献上していたのです。時雨煮は、蛤だけでなく、浅利(アサリ)、牛肉、豚肉、鶏肉などで作ることもあります。冷めても美味しく、ご飯にもよく合うので、お弁当のおかずにもピッタリです。また、お酒にもよく合います。

068

旬の時期が同じ山の幸と海の幸 年に一度は食べたい抜群の組み合わせ

若竹煮（わかたけに）

筍（たけのこ）は「旬の象徴」とも言われます。筍が出だしてから約2週間が旬。筍の種類によっても違いますし、昨今の異常気象でだいぶ変わってきていますが、筍は、京都だと2月の中旬ごろから出始め、3～4月になると安く出回ってきます。

ほかの食材でも「旬」という言葉は同じように使われますが、漢字の「筍」の竹冠を取ると「旬」になります。

山の幸の筍と海の幸の若布（わかめ）は、旬の時期がほぼ同じ。相性がとてもよく、それぞれ出汁で炊き合わせて盛り付け、天（一番上）に木の芽を置いた料理が「若竹煮」です。

ほかにも「若竹椀」「若竹焼き」「若竹蒸し」「若竹しんじょう（魚のすり身と卵白のメレンゲを合わせたものに刻んだ若布と筍を合わせて火を通したもの）」などがあ

ります。

一年の一時期にしか食べることができない新筍（しんたけのこ）や新若布（しんわかめ）などの旬の食材は、春の香りが口いっぱいに広がります。ぜひ、有難く美味しく頂きたいものです。

069

夏の大根は辛みが強くて冬の大根には〝あまみ〟がある

みぞれ和え

大根や蕪(かぶ)をすりおろして、何かに和えたものを「みぞれ和え」と言います。「白身魚のみぞれ和え」「きのこのみぞれ和え」「唐揚げのみぞれ和え」などいろいろあります。

この「みぞれ」は、雨まじりの雪である「みぞれ」に見立てていることからそう呼ばれるようになりました。三杯酢などで混ぜ合わせた「おろし酢」で味付けをすることが多いです。

すりおろした大根などを使う料理には、ほかにも「みぞれ汁」「みぞれ鍋」「みぞれ煮」などがあります。

ところで、大根は夏と冬とで味が異なるのをご存じでしょうか。夏の大根は辛みが強く、冬の大根は〝あまみ〟があるのです。また、生で食べると体を冷やし、煮て食べると身体を温めてくれます。

大根はすりおろし方でも、少し味が変わります。ひらがなの「の」の字を書くようにすりおろすと、まろやかな大根おろしに。軽く絞って、みぞれとして使うのに適しています。縦に前後にすりおろすと、辛みが出ます。わざとそうやってすりおろしたものを軽く絞り、濃口醤油をたらして焼き魚に添えたりします。ちなみに、濃口醤油をたらした黒い大根おろしのことを「染めおろし」、切り口に菜箸で穴をあけ、端を切って種を取って水に浸けた唐辛子をさしておろしにした赤い大根おろしを「紅葉おろし」と呼びます。

美味しい大根には選び方のコツがあります。上から下まで太さができるだけ同じで、根が生える部分の穴が縦に同じように並んでいるものが美味しい大根。根の穴が斜めにねじれて付いているものは、成長するときに地中で何らかのストレスがかかっていて、辛い大根となります。お店などで大根を選ぶときに、ぜひ注目してみてください。

070

日本にはサラダの文化はない 野菜は保存して食べるもの

膾（なます）とお漬物

元々日本には、野菜を生で食べるサラダ文化はありませんでした。冬の寒い時期は、収穫できる野菜が少なく、旬の時期に収穫したものを保存して、長く頂くことでビタミンを補充していたのです。

その保存の仕方の代表が膾とお漬物です。

膾は、酢・水・砂糖・本みりん・塩の合わせ酢で野菜を酢漬けにして保存したもの。代表的なのが、大根と人参の膾です。

お漬物は、塩で漬けたり、糠床（ぬかどこ）で漬けたり、合わせ酢で漬けたりして保存したものです。日本料理のお店では「香の物」などとしてお出しします。

会席料理では、最後にご飯と留椀（とめわん）と季節の野菜の香の物が出てきますが、この〝締め〟の香の物でそのお店の力量がわかるとも言われています。塩加減や漬け加減、盛り付けの色合いなども含めて、会席料理の最後の最後まで手を抜いていないか、お店の料理に対しての姿勢を感じることができるからです。

会席料理を召し上がるときには、この点にも注目してみてください。

071 関西では冬場の寒い時期に屋外の炊き出しでよく出てきます

粕汁(かすじる)

「粕汁」は、酒粕を加えた料理。実は、日本料理の世界に入るまで、私は粕汁のことを、日本酒が作られている東北地方のどこかの郷土料理かと思っていました。ところが、兵庫県神戸市の郷土料理だと知ったときには、少々驚きました。確かに、神戸市は宮水と呼ばれる、酒造りに最適な成分の水があるために酒造会社が多く、酒粕も多く流通しています。

粕汁は、出汁に適量の酒粕を溶かして、鮭(サケ)や鰤(ブリ)のほか、豚肉・大根・人参・牛蒡(ごぼう)・蒟蒻(こんにゃく)・油揚げ・椎茸・葱(ねぎ)などを入れて、味噌や醤油で味付けしたものです。

酒粕を最初に入れると、アルコールが飛んだ粕汁になります。子どもやアルコールに弱い方がいる場合はこちらがよいでしょう。ですが、酒粕を最後に入れるとお酒のよい香りが立ちますし、食べると身体がものすごくポカポカしてきますので、おすすめです。

関西では、寒い日に「粕汁」を食べたくなる方が多いようです。冬場の寒い時期の屋外での炊き出しでは、必ずと言っていいほど「粕汁」が出てきます。

072

私たちは自然の力で生かされている 暑い夏に夏野菜が身体にいい理由

夏芋

日本料理の献立に「夏芋」と書かれていることがありますが、これはジャガイモのこと。ジャガイモは、熱を冷ましてくれる作用のある野菜で、まさに夏にピッタリの野菜です。

夏野菜には、熱を冷ます性質のものが多く、夏芋のほかにも、赤茄子（トマト）、南瓜（カボチャ）、苦瓜、胡瓜、冬瓜、茄子、西瓜、甜瓜などもそうです。瓜科の野菜が多く、熱を冷ます作用のほかに、利尿作用などもあります。

暑い夏に、身体を冷ましてくれる野菜ができるのは、自然の力。つまり、自然の力で、私たち人間が生かされていると考えることもできるのです。そう考えると、どことなく神秘的なものを感じますね。

クーラーをガンガンかけている場所で夏野菜を食べると、外からも内からも身体を冷やすことになってしまうので、とくに女性は注意してください。

こんなときは、生姜や唐辛子など、身体を温めるものと一緒に食べるのがおすすめです。例えば生姜なら、すりおろしたものを混ぜたり、甘酢漬けなどと一緒に食べるとよいでしょう。一味や七味などを少し振ってみるのもアリです。

073
肉じゃがやカレーのお肉は豚肉派？　それとも牛肉派？

豚肉と牛肉

関東では豚肉が好まれ、関西では牛肉が好まれる傾向があります。そのため、関東と関西では肉じゃがで使う肉が違います。関東は豚肉で、関西は牛肉です。

これは、肉じゃがだけではなく、例えば、カレーなどでも同じようなことがよく言われています。

関東と関西の分かれ目については諸説ありますが、愛知県名古屋市、三重県桑名市、亀山市などの説があります。

私は生まれが兵庫県西宮市で、育ちが鹿児島県南さつま市なので、牛肉と豚肉のどちらも食べます。個人的には牛すじのカレーや肉じゃがが、大好物です。

肉じゃがにもカレーにも肉とジャガイモは必須ですが、ジャガイモにもいろいろあります。男爵やメークインなどが代表的ですが、ホクホクするのが男爵でコロッケやマッシュポテトに合い、カレーや肉じゃがには、煮崩れしにくいメークインが合うと言われています。玉葱（たまねぎ）もよく炒めてから煮ることで、調味料にはない独特な天然の〝あまみ〟が出ます。それをいかに引き出すかも、料理人の腕の見せどころです。

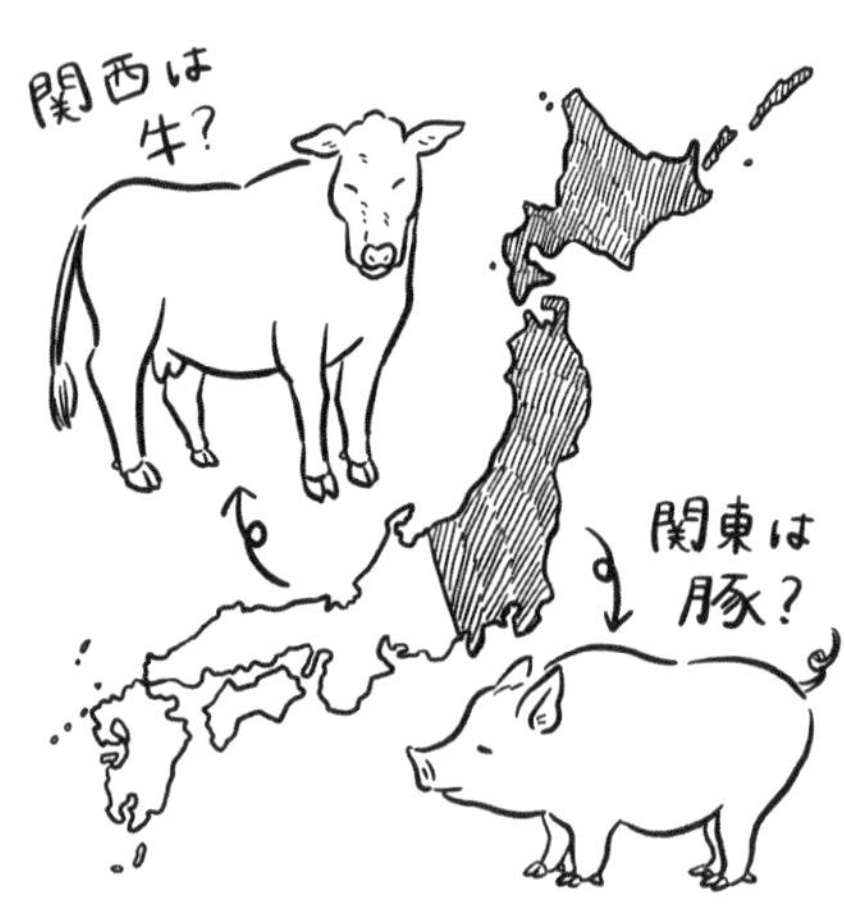

第4章

お店で日本料理を楽しむ

ここでは、お店で美味しい日本料理を頂くときのために知っておきたい知識を集めました。献立の読み方や日本料理のマナーを知って、ぜひかっこいい日本人になってください。

料亭と割烹

074

料亭は完全予約制で割烹（かっぽう）は予約ナシでも受け入れる

日本料理を提供するお店に「料亭」や「割烹」がありますが、その違いはなかなかわかりにくいですよね。

割烹も料亭も、日本料理を提供するお店であることは間違いないのですが、次のような点が大きく違います。

私たち料理人の世界で言う「料亭仕事」の特徴をあげるなら、こんな感じです。

- ●カウンターはなく御座敷だけ（庭などがある）
- ●一見様（いちげんさま）や飛び込みのお客様はお断りする完全予約制
- ●予約したお客様のため仕込みに何日もかける

●高級感、高価な器、日本庭園、個室、美術品、芸妓さん

一方で「割烹仕事」は、予約のお客様だけでなく、一見様や飛び込みのお客様も受け入れます。もちろん、ある程度の仕込みはしますが、お客様がお見えになってから、その日の旬の食材を紹介し、好みを聞いてから、目の前でササッと作ります。カウンター越しに料理する姿を見ることができたり、料理人と会話ができたりと、活気のある雰囲気のなかで食事を楽しめます。

ちなみに、割烹の「割」は「切る」を、「烹」は煮物や出汁を取ることを意味しています。つまり、読んで字のごとく、切ったり、煮たりする料理人の姿を見ながら、料理を楽しめるのが割烹というわけです。

料亭と割烹は、もちろん、どちらがよいとか悪いとかではなく、それぞれ料理人の仕事がまったく違うのです。実際に足を運んで、料亭と割烹の違いを感じていただけると嬉しい限りです。

075

本来は、お客側ではなくお店側が使う言葉です

お愛想

飲食店でお勘定をすることを「お愛想」と言いますが、もともとは寿司屋さんから生まれた言葉です。あまりにも美味しいので、お寿司を次から次へと食べてしまった経験は、もしかしたらみなさんにもあるかもしれません。いざお勘定となって、予想以上にビックリということも……。そんなときの「しまった」としかめっ面をしたお客さんを見たお店の方が、「美味しいものを食べたのだから、笑って、笑って。お愛想、お愛想」と言ったことから、お勘定をするときに「お愛想」と言うようになったとされています。つまり、お客側から「お愛想」とお店の方に言うのは、本来はおかしなことなのです。お客さんが「お愛想」と言わずとも、お店側は、美味しく食べて頂いたうえに、お金まで払ってもらうのですから。

076

学校給食で「献立」はちょっとヘン？本来の意味は、お酒のアテのこと

献立

「献立」の献は、お酒の「一献二献」などで使われる「献」。1杯の酒、2杯の酒という意味ですね。

宴会の場などでは「駆けつけ三杯」とよく言いますが、これは平家（平氏）の宮中での食事にあった「三献（さんごん）」が由来で、おせちの原型とも言われています。

平家の落人が鹿児島県の奄美大島に多く来たことから、三献は奄美大島の郷土料理にもなっています。奄美大島の三献は、3種類の海の幸や山の幸などの料理を指し、お正月や結婚式などのお祝いで出されます。

一の膳にのっているのは塗りのお椀。鰹節と昆布の出汁で作ったお雑煮で、白身魚、切餅、ゆでたまご、海老、小芋、蒲鉾、葱（ねぎ）などが入っています。

二の膳は平皿。薄造りの刺身やしめ鯖（サバ）、あるいは膾（なます）がのっています。三の膳はフタ付き茶碗。柔らかく炊いた豚肉に、大根を煮たものと、サッと色出ししたニンニクの葉を盛り付けます。一の膳から三の膳には、それぞれお屠蘇（とそ）ものっています。家によってはひとつの膳に3種とお屠蘇をのせることもあります。

いまでも「一献飲んで、一品頂く」と言ったりしますが、〝お酒を一杯飲んだら、アテをひとつ頂く〟という意味で、「献立」は「酒を立てる」と言う意味から、元々はアテのことを指しているのです。

ですので、日本料理の料理人の立場から見ると、学校給食に「今月の献立」と書かれていると少し違和感があります。学校給食でお酒は出ないからです。「献立」という言葉よりも、「お品書き」や「メニュー」の方が適しているように感じます。時代につれて言葉の使い方が変化していくのは仕方のないことですが、元々の意味も知っておいてほしいですね。

077

献立に使われている漢字には料理人の思いが込められている

献立の漢字

例えば、焼き物。ひと言で焼き物と言ってもさまざまありますが、縁起を担いで、お祝いごとや正月には、当て字で「家喜物(やきもの)」と、献立に書いたりすることがあります。「家が喜ぶ」ということですから、縁起がよさそうですよね。

会席料理の最後の方の献立に「留椀(とめわん)」がありますが、本来は「止める」と言う意味で「止椀」になります。しかし、漢字の「止」の印象があまりよくないことから、「留」の字を使っています。

「前菜」のことを「八寸」と献立に書くことがあります。茶懐石料理から来ていると言われ、会席料理では約24センチ(八寸)の正方形や丸い器に前菜を盛ったものを「前八寸」と言ったりもします。会席料理の途中で出されるものを「中八寸」、焼き物と一緒に盛り付けたものを「焼き八寸」とも言います。これは漢字の「八」が末広がりで縁起がよいことから八寸の器に盛り付けるようになったと考えられています。

会席料理には、「お凌(しの)ぎ」という献立もあります。酒の肴が続いて酒がまわるのを防ぐためのほか、空腹を凌ぐということから来ていますが、一口寿司や少量の蕎麦などが出されます。

会席料理の最後には「水物」という献立があります。読んで字のごとく水分を多く含んだ果物やシャーベットを指します。フランス料理では最後に甘めのデザートとエスプレッソが出ます。フレンチのコースには砂糖を使う料理がないので、〝糖分を補給する〟という意図があります。日本料理では、塩・醤油・味噌など塩分を多く含んだものが多いのでそれを薄め、季節に応じた旬の果物をお出しすることで季節を感じてもらい、お口のなかもサッパリしてもらうという意図があります。

ほかにも「鮎(アユ)」を「香魚」と書いたり、「鮨」を「寿司」、「豆腐」を「豆富」、「お漬物」を「香の物」などと書いたりします。

日本料理を外で頂くときには、献立に使われている漢字にもぜひ注目してみてください。

078

赤茄子（あかなす）や瓜南瓜（うりかぼちゃ）って何のこと？日本料理の献立にカタカナはない

献立に出てくる和名

日本料理の献立は、基本的にカタカナでは書きません。なので、洋名は和名に変えて書くことが多くなります。具体例をいくつか挙げてみましょう。

- **トマト**→赤茄子
- **キャベツ**→玉菜（たまな）
- **オクラ**→陸蓮根（おかれんこん）
- **ズッキーニ**→瓜南瓜
- **メロン**→甜瓜（てんか）（「まくわうり」と読むことも）
- **レタス**→萵苣（ちしゃ）

●ジャガイモ→馬鈴薯（ばれいしょ）

ただ、これが必ずしも正解というわけでもなく、どんな漢字を使うかは、料理人によって異なることがあります。また、知り合いの年配の方のなかには、普段から和名を使っている方もいました。

和名を見て、とくに若い方はわからないことが多いかもしれません。献立が読めない場合やわからない場合は、仲居さんやお店の方に尋ねてみるとよいでしょう。

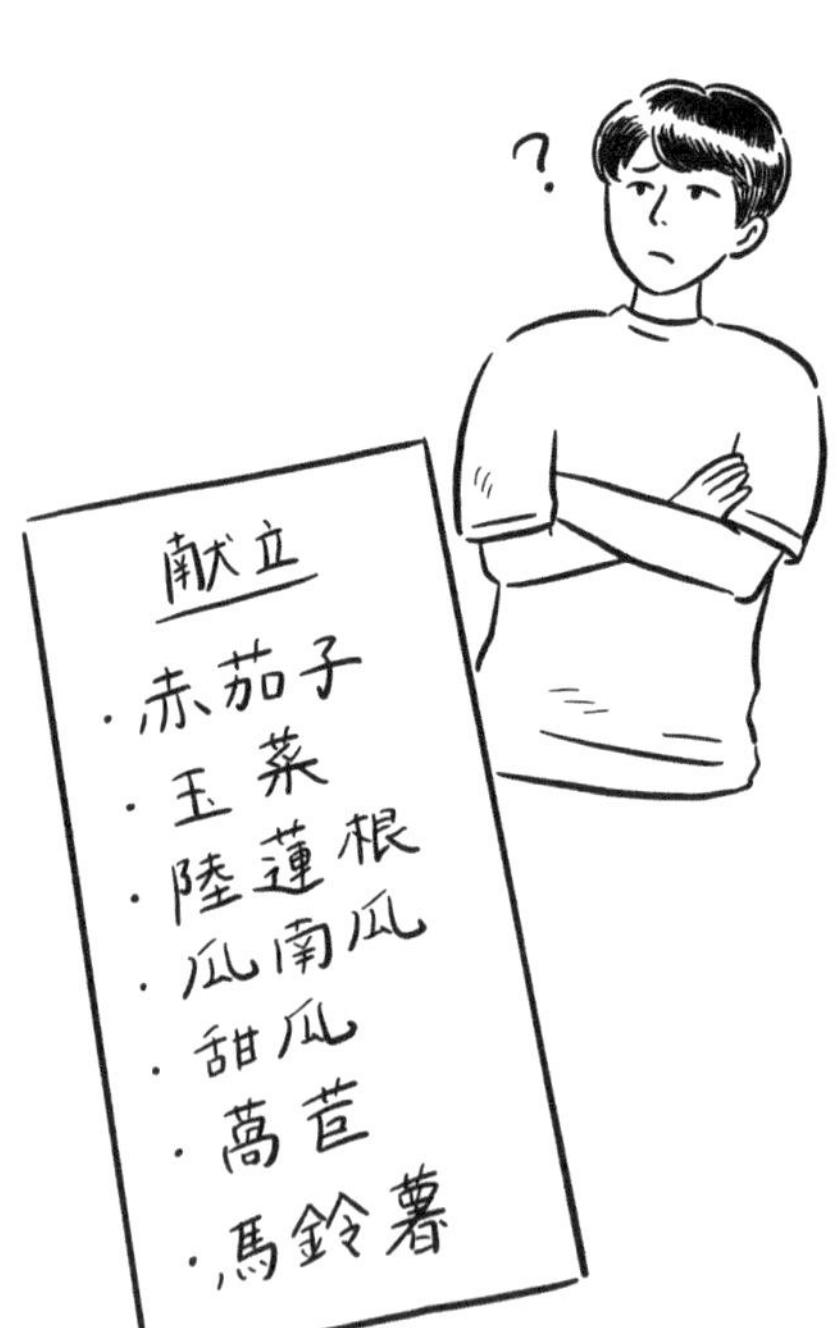

079 漢数字の「一」のように盛ると、旦那が出世する

ご飯

お茶碗にご飯をよそうときは、山盛りにはしないでください。目安としては、お茶碗の7～8分目がベストです。

漢数字の「一」を書くように真ん中を小高くする「一文字盛り」という盛り付け方があります。これは裏千家の茶懐石で、炊きたてのご飯をまずひと口お出しするときの作法のこと。これを取り入れて、料亭などでもそのように盛り付けられることがあり、俗説として「一文字盛りをすると旦那が出世する」などとも言われています。

ご飯をお代わりするときは、ご飯をすべて食べ終えてからではなく、ひと口ほどお茶碗に残して「おかわりをお願いします」と伝えるようにします。これはお給仕の人が近くに控えているような席での作法です。

また、昔から「米粒を残すとバチが当たる」とも言われますが、天照大御神(アマテラスオオミカミ)からのお米を粗末にしてはいけないと言うことです。

ご飯は、最後の一粒まで美味しく食べるようにしましょう。

080

同じ「わん」でも、素材が違う 石偏か、木偏か、それが問題だ

碗と椀

茶碗蒸しの「碗」は石偏で、吸物椀の「椀」は木偏。同じ「わん」でも、漢字が異なります。

私がまだ料理人として下っ端だったころは、「わん」の漢字が異なることをまったく意識していませんでした。意識するようになったのは、料理長として献立を考えるようになり、器を自分の裁量で決めるようになってからです。

ご飯茶碗や茶碗蒸しなどの器は石偏の「碗」。陶器のものが多く、器ごと蒸すことができます。熱くなった碗は手で持つことができないので、お客様にお出しするときには茶托(ちゃたく)にのせます。一方、同じ「わん」でもお吸物椀や留椀(とめわん)などは木製です。熱いお吸物が入っていても、手で持つことができます。碗と椀、耳で聞くと同じですが、

素材はまったく違うのです。

お店でお吸物椀をお出しするとき、フタの表面に霧吹きで水をかけることがあります。これは、誰かがフタに触れると跡が残ることから、「フタに手を付けるのはお客様が初めてですよ」という意味が込められているのです。

最近では、茶碗蒸しにフタ付きの茶碗を使わないお店も増えてきました。ほどよい大きさに切った懐紙（かいし）を湿らせ、茶碗を包み込むようにかぶせる紙蓋（かみぶた）として使うのです。紙蓋の上に、季節の葉（例えば、紅葉など）をのせるのもおしゃれな演出のひとつです。紙の上の葉に季節を感じてもらい、紙を取ると何が入ってるのかというワクワク感を感じてもらう。フタを取ったときの湯気も大事なご馳走です。

紙蓋を使うのには、フタが熱いとお客様が火傷するかもしれないなどの理由もあるようです。

081

右手で時計回りにまわす これが正しいフタの開けかた

椀物

会席料理で出される椀物には「吸物」「煮物椀」「留椀（とめわん）」があります。椀物を食べるときのマナーを紹介しましょう。

まず、左手をお椀に添えます。親指を手前に、人指し指と中指を向こう側にし、右手でフタを時計回りにまわして開けます。フタは斜めに傾けて、裏側の水滴を椀に落とします。これを「露切りの所作」と言います。そして、右の奥にフタの裏側を上にして、露が台に付かないようにして置きます。

お吸物は両手でお椀を持ち、最初は香りを楽しみます。ここでよく聞かれるのが、両手でお椀を持った状態で、どうやって箸を持つのかということです。

両手で持ったお椀から右手を離し、箸を取ります。箸の先を、お椀を持っている左手の小指と薬指の間に挟むようにして支え、右手で箸を下から持ち替えます。注意したいのは、箸をお椀のなかに入れて見えないようにすること。箸先は「相手に向けない」「手の甲より上に上げない」のが鉄則ですから、汁は具を箸先で押さえながら飲むとよいでしょう。そして、飲み終えたら最初のときと同じ状態にフタを戻します。

左手の小指と薬指で
箸の先端を挟んで
右手を持ち直す

082

日本料理は器を手に持ってもよいでも、手のひらサイズの器だけ

やってはいけないマナー

日本料理を頂くときに、やってはいけないことがあります。主なものを紹介しましょう。

■料理の盛り付けを無視して崩して食べる

日本料理は基本的に、右手前から食べていくように盛り付けられています。揚げ物であっても、炊き合わせであっても、手前に淡白な味のものを置き、奥になるにつれて味が濃くなるように盛り付けていますので、手前から食べるようにしてください。

■手で受けながら食べる

これは「手皿」とも呼ばれるマナー違反です。バラバラこぼれたり、汁が垂れたりするときには、懐紙（かいし）や小皿で受けるようにしてください。

■食べ終わった皿を重ねて置く

お店によっては高価なお皿を使っていることがありますので、重ねない、さわらない方が無難です。気になる場合は、お店の方を呼んで下げてもらいましょう。

■大皿から直接食べる

大皿で料理が出てくる場合、「直箸（じかばし）」や「逆さ箸」で取って頂くのはマナー違反です。「取り箸」で小皿に取り分けてから頂くようにしましょう。

■お皿を持って食べてよいものといけないものがある

世界中の食事のマナーを見わたしても、器を持って食べてもよいのは日本料理だけです。だからと言って、どの器でも持ってよいというわけではありません。たまに例外はありますが、基本的には手のひらに収まるものが、持ってもよい器です。逆に言うと、手のひらに収まらない器は持ってはいけないのです。

■箸を器の上などに置きっ放しにする

箸を置いていいのは箸置きの上だけです。お皿に箸の先をのせている人もいますが、お行儀が悪いとされています。

083 テーブルの上には置かないで隠し持っておくのがマナー

懐紙（かいし）

懐紙は、和紙を重ねて二つ折りにしたものや一枚物などで、デパートやお茶屋さんで取り扱っています。

口元や皿のよごれを拭いたり、料理を口元に運ぶまでの受け皿にしたり、魚の骨を包んだり、箸先のよごれを隠したりするときなど、日本料理の席では、いろいろと便利に使えます。お茶席で使うものとして格式が高い印象があるかもしれませんが、いわゆるポケットティッシュやおしぼりのようなものと考えたらよいでしょう。

ただし、テーブルの上に置いてはいけません。すぐに取れるけれど見えないところに隠し持っておくのが、奥ゆかしくも好ましい懐紙のマナーです。和服なら胸元、洋服ならポケットに入れておくとよいでしょう。懐紙ケースに入れて、ひとつ持っておくと重宝します。

天婦羅や和菓子などの下に敷く懐紙（天紙）にも、決まりがあります。ツルツルした面が裏で、ザラザラした面を表にして、折り込みます。

慶事（通常の日でも）には左側に山折り（右下がり）にし、仏事の場合は右側に山折り（左下がり）にします。これには諸説ありますが、着物の衿（えり）の部分からきているとされています。着物は、普通は左が前ですが、死に装束は右が前になります。

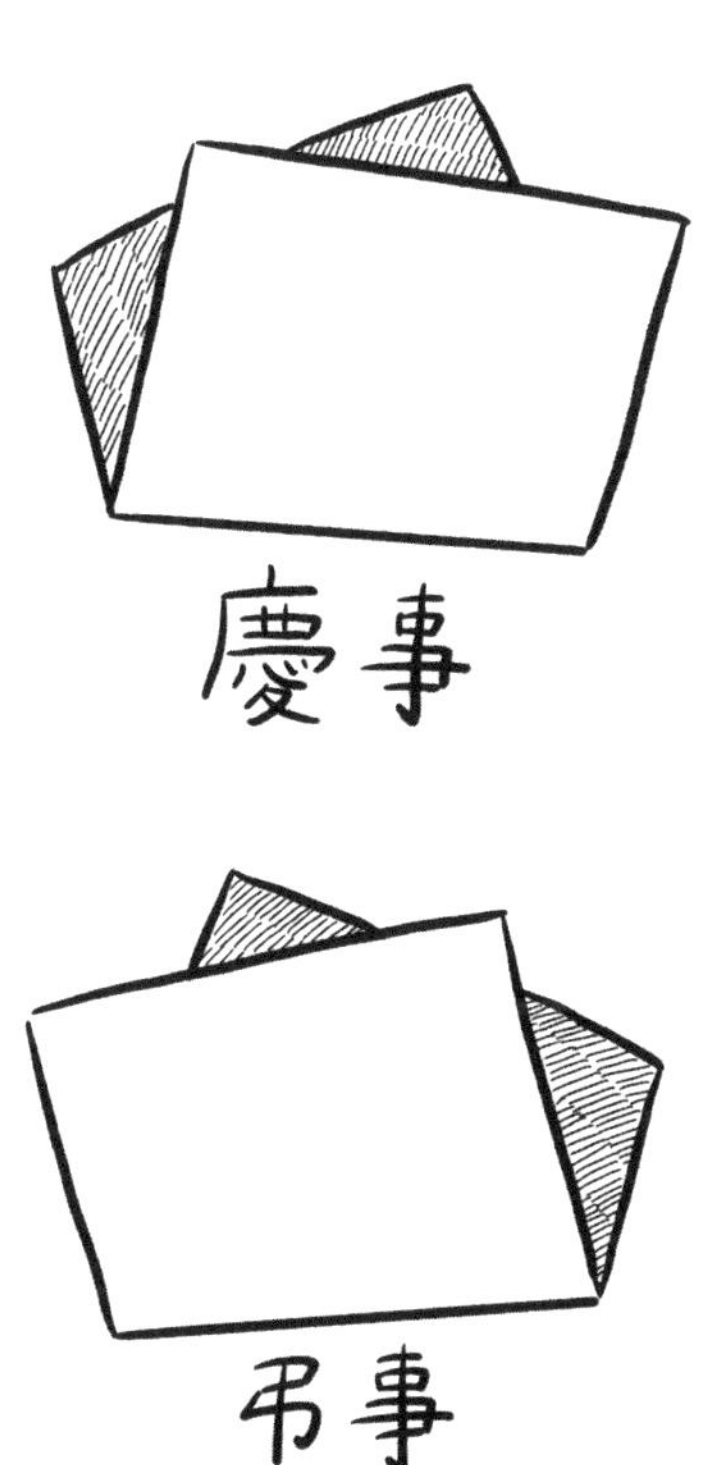

084

裏返したくなる気持ちを抑えて半身を食べたら箸で骨をはがす

焼き魚のマナー

「尾頭付きの焼き魚をどう食べるのが正式なのか？」

「焼き魚は、どう食べるのが美しいのか？」

そんな質問をよく受けます。なかなか難しいですよね。

さて、日本料理では魚は「頭左、腹手前、尾右」でお出しするのが基本です。食べるときは、左側の腹から箸をつけます。左の腹を制したら、その上の背を食べ、それから尾の方に移ります。魚好きの方は皮まで見事に食べられますが、嫌いな方は残しても失礼にはなりません。お皿の端に、ひとまとめにしておくとよいでしょう。魚が動いてしまって食べにくいときは、手で押さえてもかまいません。その場合は、手が汚れないよう懐紙を使うとスマートです。

ちなみに、魚を押さえるときも、手を拭くときも、どちらも懐紙を使います。日本料理を頂くときは、懐紙があったほうがベターです。ですので、私は懐紙を持っている女性を見ると、「なんて心遣いのある方なのだろう」と、その方の見方が変わります。懐紙がないときは、お店の方にお願いして、懐紙、もしくは代わりのものを出してもらうとよいでしょう。

尾頭付きの魚を食べるときに、とくに注意したい点があります。魚を裏返すのだけは絶対にやめてください。半身を食べ終えたら中骨を箸でつまみあげ、頭と尾をつけたまま骨をはがし、お皿の向こう側に置くのがマナーです。そのうえで、再び腹から食べていきます。食べ終わって残った骨も、お皿の端に、ひとまとめにしておくとよいでしょう。

日本料理の世界には「海腹川背」という言葉があります。これは「海の魚は頭が左で腹が手前、川の魚は頭が左で背が手前」という意味です。「川背」にする理由は、川魚が腹に小骨が多いため。小骨が少ない背中からの方が食べやすいからです。

085
炊き合わせの残った出汁は口を付けて飲んでも大丈夫

炊き合わせのマナー

「炊き合わせ」とは、例えば、芋は芋、南瓜(なんきん)は南瓜で、素材が一番美味しくなる状態でそれぞれ炊いたあと、それらをひとつの器に一緒に盛り付けたものです。

炊き合わせのように、それぞれ炊いたものをあとから合わせる料理は、日本料理のほかにはあまりないかもしれません。食材ごとにそれぞれ持っている味があると考え、その素材本来の味を、いかにして引き出すかを考えて作られています。つまり一番美味しい状態の素材が、ひとつの器に盛り込まれているのです。

炊き合わせを頂くときは、手前から箸を付けるのがマナーです。ひと口で収まらないときは、箸でひと口サイズに切ってから食べるとよいでしょう。海老芋のように大きなものは、左側から箸で切って、出汁をからめて頂きます。

それぞれの煮汁を合わせた出汁を「共地（ともじ）」と呼びますが、共地が残ったときは、直接、器に口を付けて飲んでもマナー違反ではありません。煮物碗を手に持ち、箸を添えながら飲みましょう。

炊き合わせには「芋・蛸（タコ）・南瓜」や「若布（わかめ）・筍（たけのこ）・空豆」など、季節のものが盛り付けられていますので、味はもちろん、季節感もぜひ味わってみてください。せっかくなので、5つの食材を使った、季節の代表的な炊き合わせをご紹介しましょう。

■**春**：筍・鯛の真子（鯛の卵巣）・わらび・ふき・若布

■**夏**：里芋・蛸・南瓜・五三筍・おくら

■**秋**：蕪（かぶ）・秋茸・銀杏・海老・湯葉

■**冬**：大根・人参・鰤（ブリ）・管牛蒡（くだごぼう）・海老芋

ちなみに、筑前煮のようにさまざまな具材をすべて入れて炊く料理も煮炊き物です。炊き合わせがそれぞれの一番美味しい状態の素材をひとつの器に盛るのに対して、筑前煮はすべてを同じ出汁で炊きます。

086

天つゆの器は手に持って、ひと口ずつ付けて頂きます

揚げ物のマナー

日本料理で揚げ物と言えば、代表的なのは天婦羅です。

天婦羅は、淡白な味のものを手前側に、味の濃いものを後ろ側に盛り付けます。ですので、盛り付けを崩さないよう、手前側にある淡白な味の天婦羅から順番に頂くのがマナーです。

天つゆに付けるときは、器に口を近づけてはいけません。天つゆの器を持って、ひと口ずつ天ぷらを付けるようにしましょう。箸でちぎることのできる天婦羅は、お皿の上で食べやすい大きさに切り分けてから食べます。

烏賊（イカ）の天婦羅のように噛み切りにくいものは、一度口を付けたら、かじった状態でお皿に戻さずに、天つゆの器を持って最後まで食べきるようにしましょう。日本料理

は、女性でもひと口で食べられるサイズで調理するのが基本になっているので、それほど心配はいりません。けれど、大衆的なお店の場合は、大きく切ってお出しすることを醍醐味にしているところもありますので、実際にはケース・バイ・ケースと考えてよいでしょう。

ちなみに、本格的な天婦羅屋さんであれば、海老の天婦羅は尾の処理もしっかりしているので、尾まで食べることができます。

美味しい天婦羅屋さんに行ったら、ひと口目は天つゆを付けずに、あるいは軽く塩を付けて食べ、素材の味や風味をぜひ味わってみてください。天婦羅をこうやって召し上がっていただけると、料理人としても嬉しい限りです。というのも、素材の味や下味、さらには火の通り具合などは、何も付けない状態、もしくは塩で食べた方が感じやすいからです。素材にこだわっているお店のなかには、天つゆは出さずに塩だけのところもあります。

087
土瓶(どびん)から直接口に運ぶのはNG いったんお猪口(ちょこ)に移して頂きます

土瓶蒸しのマナー

秋の風物詩である「土瓶蒸し」。土瓶蒸しとは、白身魚、海老、銀杏、松茸、三つ葉などを入れた土瓶に、お吸物のような出汁を入れてフタをし、軽く蒸したものです。

私も初めて頂いたときにはどうやって食べたらよいのかわからず、悩んだものです。意外と知られていないようですので、この機会に、ぜひ食べ方を覚えて、みなさんにも美味しく秋の味覚を楽しんでもらいたいものです。

まず1杯目は、お猪口に土瓶の出汁を注いで味わいます。

2杯目は、お猪口に土瓶の出汁を入れ、そこに酢橘(すだち)をぎゅっと絞ります。

最初の1杯目に果汁を絞らないのは、せっかくの味付けが果汁で変わってしまうからです。料理人は、この季節ならではの出汁の味をじっくり味わってもらいたいと考えてお出ししています。

また酢橘は、皮を上にして絞ると果汁が飛び散ってしまいますが、皮を下にして手を添えて絞ると果汁が一点から落ちていきます。ぜひ、そのようにして絞ってください。皮を下にして絞っている方を見ると、「よくご存じ。粋な方だなぁ」と思います。

それから土瓶のフタを開けて具を頂きますが、この際、具を土瓶から直接口に運んではいけません。いったん猪口に移してから食べるのがマナーです。出汁と具は、交互に味わうとよいでしょう。

海老の殻などは土瓶のなかに残し、食べ終えたらフタを閉めます。

寿司のマナー

088 予算を伝えて「お任せ」すれば寿司職人も食べる方も満足度UP

お寿司屋さんは高級なお店になればなるほど、値段がどこにも書かれていないものです。そんなお店に行くときは、ちょっとドキドキしますよね。値段がわからず不安な気持ちのままでは、せっかくのお寿司も美味しく食べることはできないでしょう。

そういうときは、「お任せで頼んだら、おいくらからですか?」と、相場を聞いたうえでこちらの予算を伝え、「お任せ」で頼むのがおすすめです。その際、一緒に苦手なものも伝えておくとさらによいでしょう。

そんな風に注文されると、寿司職人魂に火がつきます。仕入れや仕込みの状況から、予算に合わせて美味しいネタを選び、淡白なものから順番に食べてもらえるよう組み立てていきます。これは職人としての喜びでもあります。美味しく握ってもらえること間違いなしでしょう。

「寿司は手で握るものなので、手で食べるのが礼儀ですか?」

「お寿司は手で食べてこそ、〝通〟ですよね?」

これもよく聞かれますが、手で食べなくてはならないという決まりはありません。〝手で食べた方が、お寿司が崩れにくい〟というところからきている話です。箸で食べてもまったく問題ありません。ただしそのときは、シャリ(すし飯)がポロポロ落ちないよう注意してください。寿司を箸で横に倒してから持つとよいでしょう。

ネタには、醤油を付けるのが基本ですが、付けたいところに醤油を付けて構いません。好み優先で大丈夫なのです。ただ、シャリに醤油が付くと崩れやすくなるため、ネタが落ちることがあります。また、大振りの寿司の場合は、ネタを外してシャリを半分にしたうえで、再びネタをかぶせて食べても問題ありません。

089 フタは、裏側を上にして、茶碗の右側に置いて頂きます。

蒸し物のマナー

日本料理の「蒸し物」には、「土瓶蒸し」「酒蒸し」「かぶら蒸し」「信州蒸し」などさまざまありますが、代表的なのはやはり「茶碗蒸し」でしょう。「蒸し物を食べるときは、フタをどうしたらよいですか?」という質問もよく受けますので、基本をお伝えします。

茶碗蒸しを食べるときは、まず、水滴がたれないように注意しながら、ゆっくりとフタを開けます。フタは茶碗の右側に、裏側を上にして置きましょう。

基本的に茶碗を持って食べますが、熱い場合はテーブルに置いたまま茶碗に手を添えて食べても構いません。出汁が分離していることがあるので、箸や匙で、下から1回まわして食べるとよいでしょう。

お店で出てくる匙は木製のものが多いですが、もし金属や磁器などの場合は食器にガチャガチャ当てないように気をつけてください。

すべてを食べ終わったら、匙は器の向こう側、茶卓の上に置き、フタを元の状態に戻します。

090

大皿の河豚(フグ)の刺身は内側と外側、どちらから食べる?

河豚のマナー

「てっさ(河豚の刺身)」が1人分ずつ盛り付けられているときは、右から順番に食べるようにしますが、数人分を大皿に盛り付けている場合は、中央から1枚ずつ取っていきます。外側から盛り付けた造りを崩さないようにするためです。

小皿に取ったら、葱(ねぎ)や薬味(紅葉おろし)を河豚刺しにのせて巻き、ポン酢に付けて食べると、味の変化を楽しむことができ、かつ見映えもよくスマートです。何枚もまとめて食べるのは下品なのでやめましょう。ちなみに、河豚は厚く切ると噛みきれません。美しい薄造りには美味しく食べる工夫があるのです。

「てっぴ(河豚の皮)」もポン酢と薬味で食べます。「てつ唐(河豚の唐揚げ)」を食べるときは手を使ってもかまいません。骨に付いた身をそのまま口元に運んで食べてください。

「てっちり（河豚鍋）」もポン酢と薬味で食べますが、河豚の骨から出る出汁が染みた野菜は格別です。河豚の身もプリプリして美味しいのですが、河豚のうま味がいっぱい染み込んだ白菜も、普通の鍋の白菜とはまた違う美味しさがあります。じっくり味わってみましょう。

そして最後の雑炊は、最初はそのままで召し上がり、次にポン酢を少し落として、食べ比べてみてください。そうすることで、また違った風味になります。

第5章

日本料理の職人の技とこだわり

料理に込められたこだわりや想いを感じながら食べてもらえると、料理人としてこれ以上嬉しいことはありません。1000年以上受け継がれてきた日本料理の技とこだわりをご紹介します。

091 シンプルながらも奥が深い世界が注目する日本の出汁

出汁

少し前からいま現在まで、日本料理は世界中から注目されています。日本の農林水産省が申請し、2013年に「和食：日本人の伝統的な食文化」がユネスコの無形文化遺産に登録されたのは記憶にも新しいところでしょう。

世界中から日本料理が注目される理由はさまざまですが、「盛り付けの美しさ」「味の繊細さ」「食文化の歴史」「ヘルシーな健康食として」などがあげられます。

食べると脳が快感になり幸せになれる成分が3つあります。「油脂分」「甘み」「うま味」がそれです。世界の料理を見ると、そのほとんどが油脂分とたんぱく質が中心ですが、日本の出汁は世界で唯一「うま味」を中心に作られているのが特徴です。

日本の食文化を振り返ると、先人たちは獣肉をあまりとらず、大豆・野菜・魚介が中心でした。そのため、昆布と鰹節による出汁が作られたと考えられています。

昆布と鰹節の出汁が優れている点はさまざまありますが、特筆すべきはカロリーです。世界の料理を見るとカロリーが高い出汁が多いなか、昆布と鰹節による出汁にはカロリーがほとんどありません。

昆布から出るグルタミン酸（ほかにも、緑茶・チーズ・椎茸・トマトなどから出る）と、鰹節から出るイノシン酸というまったく異なるうま味成分が交わることで相乗効果が起こり、含有量でいうと8倍ものうま味が出るとも言われているのです。

また、ほかの国の出汁は1週間から10日ほどじっくり煮込んで作られることが多いのですが、日本の和出汁（鰹節と昆布の混合出汁）は、時間をかけずに取ることができます。もちろん、鰹節も昆布も、保存のためやうま味を最大限引き出すために長い月日をかけて作られますが、出汁を取る工程そのものは、非常に短時間で済みます。これは世界に類がなく、日本料理ならではの特徴と言ってもよいでしょう。

昆布は85℃以上になるとグルタミン酸が出にくくなります。そのため、85℃くらいになったら火を消します。一番出汁を取るときは、水の状態から火にかけて昆布の出汁をジワリジワリと出し、沸騰直前に取り出すようにします。

鰹節の一番出汁は、85～90℃のお湯に入れるとイノシン酸が出やすくなります。それを、かき混ぜたりせず、鰹節が沈むのを待ってから漉します。ちなみに、90℃以上になるとイヤなエグ味や臭みが出てしまいます。

二番出汁は、一番出汁で使った昆布と鰹節を水に入れた状態で火をつけ、沸騰させないようにし、20分ほど弱火でだいたい70℃を保ちます。こうすることで、昆布出汁と鰹出汁が何倍にも出ます。鰹節と昆布の出汁に、海老のはんこ（頭）を焼いた物を入れたりもしますが、これらはすべて「混合出汁」や「合わせ出汁」と呼ばれています。

日本には、鰹節や昆布のほかにも、いりこ、飛魚（アゴ）、海老、魚骨、椎茸、赤茄子（あかなす）（トマト）、牛、豚、鶏など、さまざまな出汁の素材があります。「これらの出汁を混合することで味に深みを出せる」と、先人が私たちに伝えてくれているのです。

私の修業時代の思い出ですが、出汁を引かせてもらったときに、「こんな出汁を使えるか！」と、味も見ず、香りだけで判断され捨てられたことが何回もありました。そのときは不思議でしたが、料理人として30年を超えたいまなら、よくわかります。

同じ昆布と鰹節を使っても、昆布を取り出したり鰹節を入れたりするタイミングや、漉すタイミングが少し違うだけで、まったく違う出汁になってしまうのです。どれも間違いではないのですが、老舗の味を守るためには、いつでも同じ味でなければなりません。そのため、お店ではこういうところにものすごくこだわります。そして、訓練を積み重ねると、香りだけで味がわかるようになってきます。ですから、私の出汁は香りだけで味も見ずに捨てられていたのです。もちろん家庭料理では、ここまで厳密にする必要はありません。

092

素材の〝旨味〟をどれだけ引き出せるか ここが料理人の腕の見せどころ

煮つけ・お煮しめ・炊き合わせ

「煮物」という言葉がありますが、一口に煮物と言っても「煮つけ」「お煮しめ」「炊き合わせ」などがあります。この違いを1つひとつ説明していきましょう。

まず「煮つけ」と言えば、お魚の煮つけが代表的です。煮汁を煮詰めて濃い目にします。頂くときは魚の身を箸に取って煮汁に付けて食べます。

「お煮しめ」は、読んで字のごとくジワジワと具材に味を染み込ませていく料理です。一回炊いてから冷ますと味がさらに染みるので、冷ましてから、再度温めてお出しします。お煮しめと言えば、根菜類、芋類、油揚げ、鶏などを入れて甘辛く煮たものを言いますが、季節や地方によって入れるものも切り方も出汁もさまざまです。

「炊き合わせ」は、例えば、小芋なら小芋だけ、南瓜（なんきん）なら南瓜だけ、蛸（タコ）の柔らか煮なら蛸だけで、それぞれ具材の〝旨味〟を引き出しながら炊き、それを一緒に盛り付けたものです。

「南瓜や小芋が上手に炊けるようになったら〝煮方〟も一人前」と、料理人の世界ではよく言われます。言い換えると、煮崩れせずに〝旨味〟を引き出せるようになると一人前というわけです。

ちなみに、「旨味」の語源は「あまみ」でもあります。「あまい」が「うまい」になったとも言われていますが、この〝あまみ〟は砂糖や調味料による甘みではありません。素材そのものの〝あまみ〟のことを、〝旨味〟と言うのです。例えば、スイカに塩をかけると甘く感じられる原理と同じです。この塩梅が、料理人の腕の見せどころなのです。

093

日本料理で使われる単位は尺貫法の「合」や「升」

はかり方

もともと日本では、長さに「尺」、重さに「貫」という単位を使う「尺貫法」が使われてきました。明治時代になって開国すると、貿易に必要な単位が統一され、長さを示す「m（メートル）」や重さを示す「kg（キログラム）」が導入されましたが、日本料理の世界ではいまだに尺貫法の一部が使われています。

例えば、お米やお酒をはかるときに使われる「合」や「升」もそうです。日本料理では１８０ccが1合、10合が1升、10升で1斗になります。

包丁の長さも、柳刃包丁（刺身を切るときに使う細長い包丁）を「尺一（一尺一寸：刃の長さが約33cm）」や「尺二（一尺二寸：約36cm）」と言うことがありますし、調理場では「長さを2寸（６センチ）に切って」とか、「砂糖や塩を1匁（もんめ）（３・７５ｇ）入れとけ」などの言葉が飛び交うこともあります。

話はそれますが、ジャイアント馬場さんは、私の大好きなプロレスラーです。必殺技の16文キックの「文」も尺貫法の単位です。1文が2・4センチなので、16文キックは38・4センチキックということです。ほかにも、いまでは死語になった嘲り（あざけり）の言葉に「百貫デブ」というものがあります。1貫は3・75キロなので百貫とは375キロ。百貫デブというのは、人間としてはほとんどありえない体重ということになりますね。

料理のレシピ本などでよく使われる「大さじ（15cc）」や「カップ（200cc）」ですが、そのはかり方には注意してください。液体の場合は表面張力の分も含めますが、顆粒（かりゅう）の場合はすり切りではかるのが基本です。ちょっとしたことで味が変わりますので、料理をするときには、ぜひ覚えておいてほしいポイントです。

094 地面より下にできる食材は水から上にできる食材は沸騰させてから

下茹で

煮物を炊く前に、「下茹で」という〝下ごしらえ〟をすることがあります。

例外はありますが、基本的に地面より下の土のなかにできる食材を下茹でするときは、水から茹でます。小芋や大根を茹でるときは米の研ぎ汁などを使い、串がスーッと通るまで茹でてから、出汁で煮物を炊くのです。下茹での段階でしっかり柔らかくしておくのが美味しく仕上げるコツ。出汁で炊くときに本みりんを入れますが、本みりんには煮崩れを防ぎ、具材をしめる効果があるので、あらかじめしっかり柔らかくしておかないと、固くなってしまうからです。ご家庭で「大根を柔らかく煮ることができない」という方は、おそらく下茹でをしていないからでしょう。

一方、地面から上にできる食材、例えば、ほうれん草や小松菜などを下茹でするるときは、沸騰したお湯にひとつまみの塩を入れてサッと茹でます。これを「青物の色出し」と呼び、鮮やかな緑を引き出すことができます。絹さややインゲン豆などは、〝色出し〟してきれいな緑になったら、すぐに氷水などで冷やして〝色止め〟をします。〝色止め〟をしないと、黒っぽくなって色が悪くなってしまいます。

095

柔らかくしたり臭みを抜いたり飲むだけでなく料理にも使う

番茶とほうじ茶

番茶やほうじ茶は、日本でも歴史が古く、1000年以上前からあると考えられています。ちなみに、上等とされる緑茶の主流は抹茶や煎茶で、それから外れるものが番茶と呼ばれています。茶葉を低温でじっくり加熱し、高温で焙煎したものをほうじ茶と言い、主に番茶から作られています。

日本料理では、食材を柔らかくしたいときに番茶やほうじ茶を使うことがあります。例えば、蛸(タコ)を茹でるときや、海鼠(ナマコ)を柔らかくするときなどです。また、蛸や海鼠に香り付けや色付けをするときに、「茶ぶり」と言って、番茶でサッと茹でることもあります。

「鮎(アユ)の甘露煮」「秋刀魚(サンマ)の梅煮」「鰯(イワシ)の姿煮」などは、最初に番茶で炊いてから、砂糖や濃口醤油などを加えてゆっくり炊くことで、骨も頭から丸ごと食べられるようにします。また、番茶を使うと、臭み抜きにもなります。

「鯉（コイ）の洗い」や「鱸（スズキ）の洗い」など、お刺身にしてから氷水でサッと締める料理がありますが、「茶洗い」と言って、冷たいお茶で締める料理もあります。お茶を使うと、臭み抜きや香り付けにもなるのです。

野菜の切り方

096 生野菜と煮物野菜では包丁の使い方を変える

包丁を使うときは、刃を全体的に斜めにして滑らすように切るのが基本です。絶対にやってはいけないのが、上から下に真っ直ぐ落とす切り方です。

野菜は、生で食べる場合と火を通す場合とで切り方が変わります。生で食べる場合は、野菜の繊維を横から断ち切るようにし、火を通す場合は、野菜の繊維通りに切ります。こうすることで、生野菜も煮物野菜も味が大きく変わってきます。

例えば、キャベツや玉葱(たまねぎ)などは、繊維通りに切るとシャキシャキした食感になり、繊維を横から切るとふんわりした食感になります。ぜひキャベツの千切りで試してみて下さい。食べる人の年齢や好みに合わせることができたら、つけ合わせの域を越えるかもしれません。

さらに玉葱などは、繊維を横から切ることで辛みや苦味を抑えることができます。切ってから少し水にさらしてサラダにすることがありますが、新玉葱の場合は水にさらすと苦味が出るので、切ったままでサラダとした方が、〝あまみ〟があって美味しく食べられます。

煮たり炒めたりするときは、煮崩れ防止や食感のために繊維通りに切るとよいでしょう。逆に煮崩れさせたい場合には繊維を横から切ります。

私がまだ若かったころ、野菜の切り方、とくに「千切り」などを練習しているときに、左手の人差し指を切ってしまうことがよくありました。しかし、修業を重ねるうちに、次第に指を切ることは少なくなっていきました。料理人の世界では、頭ではなく体で覚えて行く修業も多いのです。

097

美味しいご飯を炊くときにはお米だけでなく水にもこだわる

美味しいご飯の炊き方

「ご飯はたくさん炊いたほうが美味しい」と、昔からよく言われています。少なく炊くよりも、多く炊いた方が〝炊きムラ〟が少なくなるのがその理由と考えられます。また、「釜を使って薪で炊いたご飯が一番美味しい」とも言われます。ガス釜や土鍋を使って炊くと確かに美味しくなりますが、近ごろの電気炊飯器、とくに高価なものは、釜で炊いたご飯の味の再現をめざしていて、引けを取らず美味しく炊くことができます。

美味しいご飯を炊くためには、まずお米を選ばなければなりませんが、自分が住んでいる町や自分が育ったところのお米を使ってみることを、私はおすすめします。

その理由は、地元で生産されたものを地元で消費する「地産地消」という考え方のほか、自分の周囲の物を食べることが身体によいとされる仏教の「身土不二（しんどふじ）」のような考え方もあるからです。

水の量は、新米の場合はお米と同割で、普通の場合はお米の1・2倍が基本です。お米そのもののもちろん大事ですが、お米よりも水が多くなるので、どんな水を使うかによってもご飯の美味しさはかなり変わってきます。「その土地の水を使って作られたお米は、その土地の水で炊くのが一番美味しい」と言われることもあり、お米が育った地域の水を使って炊くのが理想ですが、日常のことですので、自分が美味しいと感じる水で炊けばよいでしょう。

精米されているお米は、研ぐのではなく、洗った方が美味しくなります。ここで言う「研ぐ」とは、お米を入れたボウルをまわしながら手のひらの下の方で全体的にぐっと押し込むようにすることで、「洗う」とは、手を広げて軽く米の下からまわすようにすることです。昔はジャッジャッとリズムよく研いだものですが、精米技術が発達した現在では、お米についている糠はやさしく洗えば取り除けます。

お米を入れたボウルに、できることなら浄水器の水をお米が浸かるまで入れ、すぐ水を捨てます。それから、指を開いて軽く7～8回混ぜ、水を再び入れます。強くやり過ぎると、お米が割れてしまうので注意してください。これを3回ほど繰り返し、ザルに10分ほど上げて、それから水をはかって釜に入れます。このときに、天然塩・出汁昆布・お酒・蜂蜜などを入れることもありますが、ご家庭ではそこまでしなくても大丈夫です。

ちなみに、冷凍ご飯にするときは、炊き上がりのご飯を素早くラップで包んでそのまま冷まして冷凍してください。それをレンジにかけたり、蒸し器で温めたりすれば、いつでも美味しいご飯を食べることができます。

098

味噌を溶いたら火を入れない なぜなら香りがなくなるから

美味しい味噌汁の作り方

味噌汁は、昔から「食べる分だけを作りなさい」と言われます。

一番出汁ではなく、二番出汁のほか、いりこ出汁、魚貝類の出汁などで、具材を炊いていきます。一番出汁が絶対にダメというわけではないのですが、上品な出汁なので、味噌の強い香りなどに負けてしまいます。一番出汁は、塩で味付けをし、薄口醤油で香り付けをするお吸物など、出汁そのものを味わう場合に適しています。

味噌を溶くときは、いったん火を止め、まずは出汁の味見をしてください。出汁のうま味と具材の〝あまみ〟を感じてから味噌を溶くのがポイントです。

このときの味噌の塩梅を、具体的に説明するのはなかなか困難です。というのも、出汁や具材によってうま味や〝あまみ〟は異なりますし、味噌の塩分もさまざまなら、その種類もいろいろだからです。なので、不安な方は、味噌を少しずつ入れて、何度か味見をするとよいでしょう。

味噌汁を美味しくするコツは、味見の時点では気持ち薄味にしておくことです。というのも、味見の時点でバッチリ美味しいと感じた味噌汁は、お椀に入れて飲んだときに辛く感じることがあるからです。気持ち薄くしておくことで、お椀で飲んだときに美味しく感じるようになるのです。これは、数字ではかれるものではなく、あくまでも感覚の話なので、何度も繰り返すうちにわかるようになるでしょう。

味噌汁で絶対にやってはいけないのが、味噌を溶いてから再び火にかけることです。「味噌の命」でもある香りがなくなってしまうからです。ですから、味噌汁は毎回食べる分だけを作るのが理想なのです。

とはいえ、毎回食べる分だけを作るのは、現実的には難しい人も多いことでしょう。家族の帰宅時間がバラバラなご家庭もあります。そういった場合は、２回目を食べるときに水か出汁で少し薄めてから沸かしてください。そして、食べる直前に火を止め、また少し味噌を溶いてからお出しすればよいのです。そうすることで、２回目の味噌汁でも美味しく食べることができます。

099

牛蒡(ごぼう)の灰汁(あく)抜きの勘違い 水や酢水に浸けるのはNG

牛蒡の調理のNG

牛蒡を調理するときは、皮までこそげ取ってしまわないように、スポンジなどで土だけを洗い流すようにしてください。たわしなどで、ゴシゴシと牛蒡を洗っているかもしれませんが、それはやめましょう。牛蒡の〝旨味〟は皮にあるからです。

また、笹掻きなどしたあとに「灰汁抜きだから」と言って、水や酢水に浸ける人がいますが、これもNGです。水に浸けると、水が茶色になりますが、これは灰汁ではなく、牛蒡のポリフェノールや〝旨味〟が溶け出た証拠。つまり、非常に〝もったいない〟ことをしているのです。

例えば、水に浸けた牛蒡と浸けていない牛蒡で「きんぴら」を作り、食べ比べてみると、すぐにわかります。牛蒡の〝旨味〟がまったく違います。

ちなみに料理の世界では、色合い的に牛蒡を白くしたいときに、「色止め」のために水に少し酢を落として浸けてから炊くことがあります。炊き合わせのときなど、牛蒡を白く炊いた方が色合い的にまとまると感じたときなどにそうします。もしかしたら、この〝色止め〟が、いつしか灰汁抜きとして俗説になっていったのかもしれません。

100 香りと〝旨味〟があるキノコの調理でやってはいけない2つのこと

キノコの調理のＮＧ

いろいろなキノコがありますが、香りや〝旨味〟がある食材なので、それらを損なう調理法は避けたいものです。

まず、金物がダメ。できるだけ包丁を使わず、手で割くようにしましょう。そうすることで、香りや〝旨味〟を損なわずに済みます。

また、できるだけ水で洗わないようにしてください。水で洗うと香りや〝旨味〟を損なうだけでなく、腐ってしまうことがあります。泥などの汚れがどうしても気になる場合は、ボウルにぬるま湯を入れて軽く洗い、すぐに乾いた布で水気を拭きとりましょう。水分でグチョグチョになったキノコは、まさに腐った状態です。

「キノコの王様」と言えば松茸です。松茸はご存じの通り、香りが命ですから、絶対に包丁は使いません。包丁で切って焼き松茸や松茸ご飯などを作ると、香りが半減したのがすぐわかります。ぬるま湯を使って、軽く土だけを洗い流して手で割いてから焼くのがベスト。軽く塩を振って、七輪などで焼くととても美味しくなります。

ちなみに、エノキダケなどの石突きの部分は手で裂くことができないので、包丁で切って問題ありません。また、なめこは、天然の生であれば水で洗わない方が美味しくなりますが、なかなか天然のものと出会うことありません。普通は袋入りか缶詰め入りです。袋入りや缶詰めの場合はいろんな物が入っているので、私は、お湯を沸かしてなめこを入れ、再沸騰したらザルに上げて、ある程度ヌルヌルを取ってから使っています。

101 NHKが言うとみんな信じる美味しいすし飯の作り方

すし飯を作るときのNG

美味しいすし飯を作るときに、やってはいけないことが2つあります。

まず、混ぜ過ぎはNG。混ぜ過ぎると、ご飯に粘りがでてしまい、すし飯としてよくありません。また、扇風機や団扇を使って急激に冷ますのもNG。急激に冷ますと、すし酢がご飯のなかに入らず、米のまわりに付いてピカピカでベチャベチャなすし飯になってしまいます。自然に冷ますことで、ジワ～っと米のなかにすし酢が入っていくのです。

まず、炊きたてのご飯全体にすし酢をかけ、底から上にご飯をおこし、すし酢が全体になじむように混ぜていきます。最初に説明したように混ぜ過ぎないようにし、でこぼこがないように平らにします。

20分ほど置いたら、上と下のご飯を入れ替えて軽くほぐし、さらに20分ほど置きます。これでできあがり。美味しいすし飯になります。

私は料理教室を始めて14年ほどになりますが、最初のころ、美味しいすし飯の作り方を説明すると、私より年上の生徒さんに「先生、それは間違っていますよ。すし飯は団扇で仰ぐなどして、急いで冷ましながら混ぜて作るものなのよ」と言われました。ところがその後、ＮＨＫの『ためしてガッテン』で「美味しいすし飯を作るためには、急激に冷ましたり混ぜ過ぎたりしてはいけない」と放送されると、「先生の言う通りでした」と、生徒さんが謝りにきてくださったことをよく覚えています。「やはり私よりＮＨＫを信じるのだなぁ」と、そのときつくづく感じました。

それにしても、なぜ、本来とは逆の調理法が俗説として広がったのかは定かではありません。

102 辛みが甘みの真下に来たときが美味しい煮物になる絶好のタイミング

美味しい煮物の作り方

美味しい煮物を作るには、まず全体に甘みを含ませてから、醤油を入れて炊くのがコツです。その際に「甘勝ち」過ぎるくらいにしておきます。「甘みの位置」は変わりませんが、コトコト炊くことで水分が蒸発して煮詰まり、醤油の塩辛さが上がっていきます。その辛みが「甘みの真下」に来たときに、美味しい煮物になるのです。このニュアンスはなかなかお伝えしにくいところです。個人差もありますし、数値ではかることもできず、煮詰まり方も火加減や時間でだいぶ変わるからです。料理に慣れていない人は、何度も繰り返し味見をして、この感覚をぜひ感じてみてください。「甘みの真下に辛みが来た」と感じたら、火を止めます。そして、冷めるときに味が染みていきます。そのうえで、再び温めてからお出しすると、とても美味しくなります。

103

獲れたての鮮度のいい魚より寝かせたほうが美味しくなる

魚の選び方

誰にでもわかりやすい鮮度のよい魚の選び方があります。

一匹のままの魚であれば、目玉に注目してください。目玉が少しふくらむように出ていれば「今日獲れた魚」、ふくらんでいるはずの目が平らだったら「昨日獲れた魚」、目が凹んでいたら「一昨日獲れた魚」です。

ただ、必ずしも獲れたての鮮度のいい魚が美味しいとも限りません。最近では「熟成刺身」もあるように、港町では、わざと何日か寝かせてから食べることもあります。寝かすとうま味が出て美味しくなるのです。ただ、同時に魚の臭みも出るので、好みは分かれます。

エイやサメなどのように置いておくとアンモニア臭がするもの以外であれば、寝かすことでより美味しくなると考えてよいでしょう。あくまでも冷蔵庫で寝かすということですが、理論的には熟成肉などと同じ。アミノ酸のなかのグルタミン酸などのうま味成分が増し、うま味や〝あまみ〟がより感じられるようになるのです。

わかりやすいのが烏賊(イカ)です。1〜2日ほど寝かすと、ものすごく〝あまみ〟が強くなります。究極を言うと、腐る寸前が最もグルタミン酸が多く出るそうですが、食当たりになる確率も高いので、その前で食べるのが現実的でしょう。

魚を選ぶときは鮮度だけでなく、旬の時期にも注目してください。魚種によって時期は変わりますが、基本的に「お腹に子を持ったときが旬」と覚えておくとよいでしょう。子を持つと身に脂をたくわえて子を保護しようとします。そのため、とても美味しくなるのです。また、お腹に子がいると動きが鈍くなるので、たくさん獲れるようになります。なので、普段よりも値段が下がります。

例えば、旬の真鯛は桜色になります。また、ちょうどその時期が桜の咲くころであることから「桜鯛」と呼ばれます。つまり、真鯛は、旬の時期だけ桜鯛となるのです。

春野菜の下処理

104 春野菜の灰汁(あく)抜きに使うのは藁(わら)の灰を使った「灰薬(はいやく)」です

『食物養生法』を書いた石塚左玄(いしづかさげん)の言葉に、「春苦味　夏は酢の物　秋辛み　冬は油と合点して食え」とあります。これは「春は苦み、夏は酸味、秋は辛み、冬は脂肪と、季節ごとにできるものを食べよ」と言う意味です。「春は苦味のある春野菜を身体に入れなさい」ということですが、これは東洋医学的な考えのひとつです。

春野菜は灰汁がきついので、料理をするときには灰汁抜きが必要になります。料理人は、下茹でするときに「灰薬」と呼ばれる水を使います。灰薬とは、稲刈りしたあとの藁を燃やし、その灰を入れて沸騰させた水を甕壺でひと晩置いた上澄みの水のことです。その灰薬で、菜の花、土筆(つくし)、こごみ、わらびなどを茹でるのです。ちなみに、筍(たけのこ)の場合は、米糠(こめぬか)と鷹の爪を入れた水で茹でます。

105

腹を割って話す関西人 縁起が悪いと考える関東人

鰻（ウナギ）の蒲焼き

日本の西と東では、鰻の蒲焼きの調理法が、さばき方から異なります。

関西では、「腹を割って話そう」という商人同士の心意気から、腹開きでさばきます。さばいたら熱湯をかけ、包丁でしごいてぬめりを取り、金串を横から刺して両面を白焼きします。焼く時間が少し長めなのが特徴です。そのあとに、お店秘伝の甘辛いタレをかけて焼き、この〝タレをかけて焼き〟を何回も繰り返して蒲焼きにします。

関東では、さばき方が逆。背から開く背開きです。というのも、武士の世界では、腹開きが「切腹」を連想させ、縁起が悪いと考えられていたからです。熱湯をかけてから包丁でしごいてぬめりを取るのは関西と同じですが、焼く時間は少し短め。竹、もしくは金串を横から刺して白焼きし、お店秘伝の甘辛いタレをかけて焼き、それを何回も繰り返して蒲焼きにします。それから、蒸して柔らかくするのが、関西との最大の違いです。

ところで、うな重はなぜ重箱に入っているのでしょうか。

そのルーツは、江戸時代、歌舞伎などを観ている人への出前にありました。

重箱の下に炊き立てのアツアツのご飯を入れ、その上に焼き立ての鰻、さらにその上に熱いお湯を入れた重箱をはめ込むと、保温することができるのです。つまり、「できるだけ温かい状態で食べてもらいたい」という料理人の思いから、重箱でお出しするようになったというわけです。

重箱で出すうな重と似た技法を使った料理で、大阪の鰻屋さんでよく見るメニューが「まむし」です。焼き立ての鰻を炊き立てのご飯とご飯の間で蒸す料理で、漢字で「間蒸し」と書きます。そうすることで、ご飯で蒸された鰻を美味しく食べられるというわけです。

私が育った鹿児島には「まむし」という料理はありませんでした。なので、鰻屋さんで初めて「まむし」の文字を見たときは、「ヘビのマムシ?」と思ってビックリしたものです。怖い物見たさで注文してフタを開けてみると、平らな白いご飯の上にタレらしきものがかかっているだけ。さらにビックリした私は、店員さんを呼んで「まむしを注文したのに、ご飯の上に何にものってないですよ」と注意をして、恥をかいことがあります。いまとなっては懐かしい思い出です（笑）。

ちなみに「蒲焼き」の由来は、植物の「蒲」。鰻を開かず、丸のままブツ切りにした筒状のものに大きな竹串を刺して焼いた姿が、「蒲」に見えたことからそう呼ばれるようになったと言われています。

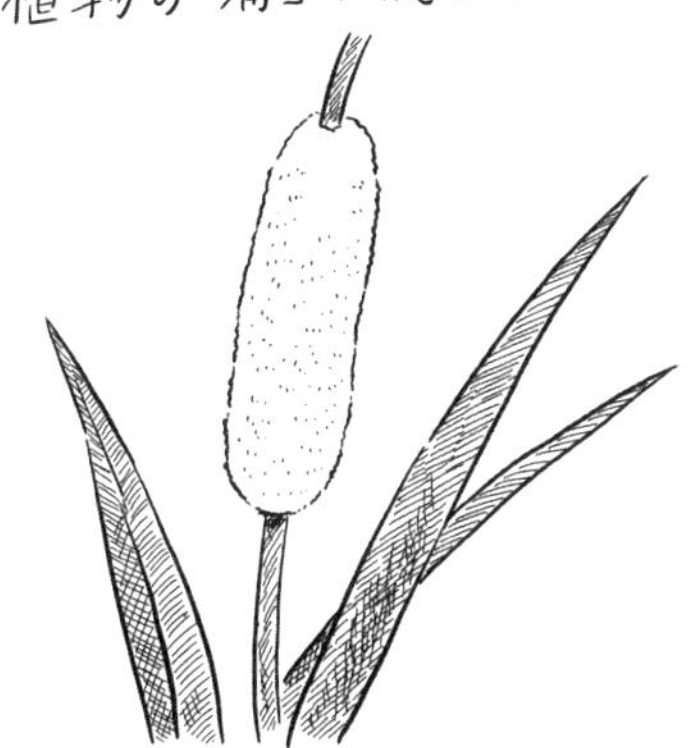

器の向き

106 葉っぱの形をしたお皿は色や季節によって向きが変わる

料理を盛り付ける器には向きがあります。料理をお出しするときには間違えないように注意したいものです。いくつかご紹介しましょう。

デザインとして結び目がある丸い器やお盆は、結び目が手前正面になるようにお出しします。反対に、四角い器やお盆の場合は、結び目が向こう正面になります。

木目がある器は、木目を必ず横にします。木目を縦にしてお出しするのは失礼。というのも、土葬のときに使っていたのが縦膳だったことから「木目の縦は不吉」とされたり、縦目は割れたりして危険というのが、その理由です。

お皿や鉢は、絵柄によって正面が決まります。絵柄がない場合は、器に何らかの変化がある方が正面だと考えてください。吸物椀や茶碗などは、フタと椀の絵柄を揃えてから手前になるように置きます。

片口は、口の方を左に向けて置きます。漢字の「一」を左から右に書くように、尾頭付きも頭は左ですし、片口の口も左になります。

葉の形をしたお皿は、緑色の木の葉型や季節が春や夏の場合は、葉先が左もしくは左上になるようにします。逆に、茶色の木の葉型や季節が秋や冬の場合は、葉先を右から右下に向けます。料理人によって考え方が違うこともあるのですが、一般的に日本料理では「左を天、右を地」と考えます。緑や白の明るい色の葉は天に向かってなる春や夏と考えて葉先を左（＝天）にし、茶色の葉は秋や冬の葉として葉先を右（＝地）にするのです。

割山椒（われざんしょう）などのように3枚の花弁のような器の場合は、切り込みを手前に向けてお出しします。

107
日本料理の盛り付けは芸術品「空間の美」も大切にします

料理の盛り付け

日本料理の盛り付けは、まさに芸術の世界。「空間の美」も大切にしています。例えば、お刺身は、大根のツマなどで左奥を高くして、右手前側に少しずつ低くなるように、あるいは真ん中の奥から手前に少しずつ低くなるように盛り付けます。山から里へ下りてくるようなイメージです。

山葵(わさび)は置く場所も決まっていて、お皿の右手前か真ん中手前です。1人分ずつお刺身が出されている場合の話になりますが、箸を手にしたら、最初につまむのが山葵だからです。山葵を箸でつまんでそのまま刺身にのせ、大根などのツマと一緒にタマリ（醤油）につけて頂きます。

お刺身は、淡白な味のものを手前に、そしてだんだん奥へと濃厚なものを置いて盛り付けます。お刺身は、手前のものから順番に頂き、淡白なものから濃厚なものへと、味の違いをぜひ感じてみてください。

揚げ物の場合は、例えば、海老の天婦羅が2匹であれば、左に海老を斜めに置き、右から立てかけるようにして、手前には野菜の天婦羅を盛り付けます。もちろん海老だけでなく、魚や穴子などでも同じ。左の枕（台）や手前に野菜を盛るようになっています。

このようにするのは、右から箸で取りやすいように考えてのこと。日本料理は、形の美しさだけでなく、食べやすいよう盛り付けられているのです。加えて、女性が大きな口を開けなくてすむよう、ひと口大にするなどのさまざまな工夫をしています。

色鮮やかに見せるためにも工夫します。ポイントは「赤」「黄」「緑」。例えば、対角に配置したりして、同じような色を隣に並べて置かないようにします。

盛り付けるときは、器全体の空間を活かすことも大切です。

日本料理の修業中、私は「茶道」「書道」「華道」を、美的センスを磨くために学びました。例えば、華道では、花を生けるとき、花と花、あるいは花と葉などの「空間」を上手に見せることが大切になってきます。もちろん花そのものもきれいなのですが、

「空間の美」をどう演出できるかが、その作品の印象を決定づけるのです。そんなことを学びました。

日本料理は、まるで総合芸術のようなものだと私は思っています。ですので、日本料理を食べるときは、舌だけでなく、目でも楽しんでもらえると大変嬉しいです。

エピローグ

日本料理で起こす地域活性化革命

私が日本料理に携わるようになって30年以上が過ぎました。食文化について考えると、行き着くのは各地方の食文化、いわゆる郷土料理です。

郷土料理とは、先人から代々伝わるその土地の食材を使った料理です。いわゆる地産地消。「もったいない」の精神で少しでも無駄をなくし、土地の風土に合わせ、その土地の方々が健康で長生きできるようにと作られてきた、ほかの地域にはない唯一無二の料理です。

日本の地域活性化に必要なのは一次産業を含めてみんなが潤うこと

私は、郷土料理を活かした「食による地域活性化」のお手伝いを日本各地でさせていただいています。いままで、失敗も含めて多くの経験をさせて頂き、私なりの考えもまとまってきました。

食による地域活性化で何よりも大切なのは、その地域の食材を活用することです。地域の一次産業が潤えば、雇用や後継者作りにつながっていきます。多くの地方で後継者不足の話をよく聞きますが、話を聞いてみると中身はだいたいどこも同じです。一次産業をされている方の多くが「こんなに大変な思いをしても、収入につながらないのに、同じことを息子にはさせたくない」とおっしゃいます。

その結果、地域から子どもたちがいなくなり、学校が閉校になって、年配者だけになり、やがて限界集落となって、しまいには無人になっていくという構図が、多くの地方に共通してあります。

ですので、地域を活性化するためには、いま汗水を流してくださっている一次産業の食材を使い、食材を安く買い叩いたりすることなく、しっかりお金を払って仕入れることが大切です。まず第一に、一次産業が潤うことを考えるのです。

そして、その地域ならではの食文化を活かした、ほかの地域にはないオンリーワンの名物料理にはどういうものがよいのかを考えます。

まず、私は、地域の大先輩たちとお話しする機会を作って調査するところから始めます。その地域でしか食べることのできない料理を、地域の飲食店を巻き込んで一緒に考えるのです。

一緒に考えるというのはとても重要です。第三者が考えた郷土料理を、各飲食店に作るよう呼びかけてもうまくいかないからです。なぜかと言うと、私も料理人の端くれなのでわかるのですが、お店をされている料理人はそれぞれ自分の料理にプライドを持っています。なので、他人が考えた郷土料理で呼びかけられても、やる気が起こりません。結果として無視されたり、嫌々やったりで、続かないことが多いのです。

みんなで試行錯誤し、地域の飲食店が何軒も一緒になって、それぞれの味付けや見せ方でお出しできるようになると、やがてお客さんがくり返し来てくれるようになり、一次産業や飲食店も潤います。お客さんは、ほかにもジュースを買ったり、ガソリンを入れたり、温泉に入ったりして下さるので、地域にお金が落ち、それが地域の活性化につながっていくのです。

飲食店だけでなく、地域の市民が無関心だと、盛り上がりに欠けて失敗してしまいます。なので、市民に対しての講演の場も設けます。

「自分たちの子孫やこの地域が発展するようにと願って、ときには命もかけて、100年後、200年後の私たちのためにバトンをつないでくれた先人たちがいます。だから、私たちも自分のことばかりではなく、これからのこの地域の子どもたちのために、何かアクションを起こして、みんなで盛り上げていきましょう」と、訴えます。

試食会なども積み重ね、学校の給食でもお出しして、市民の応援団も作るのが理想です。子どもを含めた、できるだけ多くの市民を巻き込んで作り上げていくのがポイントです。それがうまくいくと、本当の意味での地域活性化につながります。

廃棄されていた魚を活用する試行錯誤 解決策である宝物が桜島から降っていた

「食による地域活性化」のお手伝いの原点にあるのが、2011年の10月ごろから取り組んできた「桜島灰干し事業」です。

飲食店を経営していた私が、鹿児島県からの依頼で、地域の食材を加工して町興しにつなげる仕事をさせていただいたことをきっかけに、一次産業や加工業の方から相談を受けることが多くなりました。

そこで、漁師さんからこんな相談があったのです。

「魚が獲れても、半分くらいは捨てている。何でかと言うと、値のつかない1kg50円以下の魚を水揚げしてしまうと、木箱代や氷代やらで、揚げるだけで赤字になるからだ。こんなバカみたいな仕事を、子どもにはとてもさせられない」

毎日、命がけで漁に出ている方がこんな思いでおられるのを知って、私はショックでした。

「何か自分にできることはないか?」と、私は考えました。

そして出した結論が、「捨てる魚をちゃんとした値段で買って、それを加工して売ろう」ということでした。そこで、1kg350円で仕入れたところ、漁師さんはものすごく喜んでくれました。

でも、その魚を開きにして一夜干しなどにしても、世の中にはすでにたくさんあり過ぎて、埋もれてしまいます。差別化もできませんし、揚がる魚種もさまざまです。

ほかの地域と差別化できる鹿児島らしい加工品はできないかと、書店に行ったり、ネットで調べたりして、毎日夜も寝られないほどでした。

そんなとき、和歌山県や千葉県などの一部に「灰干し」と言う加工品があることを知りました。

灰干しとは、火山灰を利用して、魚なら3日ほど、肉なら1週間ほど寝かせる干物の製法です。直接、魚や肉に火山灰を付けるわけではありません。木箱に入れた火山灰にサラシを敷き、その上に特殊フィルムをのせてから魚や肉を並べ、さらに特殊フィルム、サラシ、火山灰の順にのせて寝かせる製法です。このようにすることで、魚や肉の臭みが抜け、〝旨味〟が増すのです。

実際に、見に行ったり、調べてみたりしたところ、灰干しの灰には、鹿児島の桜島の火山灰を使用していることがわかりました。和歌山県で灰干し事業をされている方からこう言われました。

「お前ら鹿児島の人たちはアホやのう。わしらはわざわざ灰を買うてんのに、鹿児島の人は宝物が桜島から降ってくるのに、何で使えへんのや?」

衝撃的なひと言でした。

なぜかというと、鹿児島県人からすると、桜島の火山灰はただの厄介物でしかないからです。まさか食品と結びつくとは思いません。

と同時に、こう思ったのです。

「桜島の火山灰も厄介物、まったく売れない厄介物の魚と組み合わせれば、これこそ鹿児島ならではの加工品になる」

チャンスと感じた私は「鹿児島有数の港町で、町興しの一環として〝灰干し〟をやりましょう」と呼びかけました。

「お前はバカか。なんがへ（灰）で美味しくなるもんか」

この提案に、みんな喜んでくれると思っていたのですが、どこに行ってもバッサリ拒否されたのです。

人は自分が知っていることや経験していること、つまり自分の物差しではかれるものを「常識」と言い、自分の知らないことや経験したことのないこと、つまり自分の物差しではかれないものを「非常識」と言う（傾向がある）ようです。

次第に、世間は私のことを「変わっている人」と見るようになり、従業員も次第に辞め、気持ち的にも落ち込んでいきました。

そんなときでも、母や友人からは「春幸ならやれる」という有難い言葉をもらっていました。なので、無理やりにも奮起しました。

「よし、やってみよう。俺がやってみせよう。鹿児島の芋焼酎やさつま揚げに次ぐ名産にして、いろんな桜島灰干しができるようにしてやろう。このビジネスで、一次産業はもちろん、加工業も潤うブランドにして、いつか『ガイアの夜明け』や『情熱大陸』に出よう」と、でかいことを言うようにしたのです。何の根拠もないのに、ほぼハッタリでしたが、有言実行と思い、いろんなところで公言しました。

２０１２年の3月には、お店も料理教室も辞め、桜島灰干し一本でやるために始良市に引っ越しました。お店も料理教室も、技術があれば、いつでもまたできると考えたのです。

でも、そこから本当のどん底を見ることになりました。

テレビや新聞など、多くのマスコミにも取り上げて頂き、順風満帆に行くと考えていたのですが、やはり鹿児島県人から見ると桜島灰干しは〝非常識〟だったのです。いくら仕込みをしても、まったく売れない日々が続き、各地の道の駅やイベントなどで試食販売をしても、さっぱりです。直接灰を付けているイメージがあったのか、試食を爪楊枝に刺してお渡ししても「こんなの食えるか！」と、顔面に投げ返されたこともありました。その方のお顔は、いまでもハッキリと覚えております。

悔しい日々が続きました。

売上げがないために家賃も半年以上払えず、大家さんから「出て行ってくれ」と言われたり、ガスが止められたり、電気が止められたり、そのたびにさまざまなところからお金を借りまくって、その場しのぎの状態でどん底の日々を送っていました。

いまとなれば、この時期の本当の意味での悔し涙があったからこそ、いまの私があるのだと思います。

改めて灰干しの魅力とは何かを考える ヒントは魚が苦手な人でも食べられること

「そもそも灰干しの魅力は何か？」と考えてみました。

まず、干物のように空気の触れる状態で干すと、表面は黄色っぽくなります。いわゆる酸化をしている状態ですが、灰干しは空気に触れることなく、魚の水分（臭み）を取ることができます。

つまり、鮮度を保ちながら臭みを取り除き、うま味成分のグルタミン酸などが何倍も増えるのが灰干しの魅力なのです。わかりやすく言うと、焼きたての魚は美味しいけれど、冷めると一気に魚臭くなります。ところが、灰干しすると、冷めても魚臭くないのです。

魚嫌いの人でも、灰干しすると冷めても食べられることがわかってきました。

桜島灰干しの魚を焼いて、冷ましたものを試食でお出ししたら、もっと反響があるのではないか。そう考え、試行錯誤した結果、冷めた状態でもお金を払って試食をしていただける駅弁にたどり着いたのです。

お財布を預っているお母さんやいろいろ決定権を持つ女性の方が好む弁当の中身やパッケージについては、料理教室などを開いては意見を伺い、料理人としてのいままでの知識やプライドを全部捨てて考えました。

そうしてようやく駅弁「桜島灰干し弁当」が完成。２０１２年9月6日から、鹿児島中央駅で販売されることになったのです。

そのころから奇跡が起き始めました。

駅弁コーナーには、何十種類もの駅弁やおにぎりなどが並べられているのですが、デビューした9月から売上げが1位になったのです。そこから78か月連続1位という記録を作り、2013年の「九州駅弁グランプリ」では鹿児島代表に選ばれて本大会で3位を、2014年にも鹿児島代表になり本大会で「準優勝」をいただいたのです。

ほかにも、フード・アクション・ニッポン アワード2014で「食文化賞」をいただいたり、コミック誌『週刊スピリッツ』の『忘却のサチコ』というマンガで、桜島灰干し弁当のことを6ページほど描いていただいたりしました。

おかげさまで認知度が上がり、売上も最初の悲惨な年から比べると5年で5倍ほどまで上がりました。そんなある日、会社に1本の電話が入りました。

「『ガイアの夜明け』という番組を作っている制作会社の者ですが、桜島灰干しの取材をさせて頂きたいのです！」

桜島灰干しを始めたころ、「いつか『ガイアの夜明け』に出る」と言っていたので、てっきりタチの悪いイタズラかと思い、「はい、わかりました（……ガチャッ）」と電話を切ったのですが、すぐまた電話が鳴りました。もちろん、同じ方からでした。

「マジか！」

そのときは、何が起きているのか理解できませんでした。その夜は「こんなこともあるんやなぁ」と、一人で男泣きしたものです。

『ガイアの夜明け』のプロデューサーがおっしゃったのは、「梛木さんのことは1年ほど調べて来ました。加工業者だけが儲かるシステムではなく、一次産業にも儲けてもらって、しっかりブランド作りをし、誰もが損をしないよう、みんながよくなるシステムを作ったビジネスだから、全国に伝えたいのです」という、とても嬉しい言葉でした。

いまでは、桜島灰干しとして商品化している私の知らない業者さんが、把握できているだけでも7社ほどあります。思い描いていた姿が少しずつ形になっています。

ただ、すべてではないですが、一部の方がノルウェー産の鯖や鮭を灰干しにしているのは、とても残念に思います。鹿児島の天然地魚を桜島の火山灰で灰干しにしたものを「桜島灰干し」と呼んでほしいからです。

あとづけでわかったのですが、鹿児島在住の95歳以上の方が数名証言してくれています。「小さいころは灰干しをやっていた」と。

この「桜島灰干し」は、100年ほど前には鹿児島でやっていた製法だったのです。ある96歳のお婆ちゃんは、「目の前にたくさんの灰があったから、何か活用法はないかと考えた、先人たちの〝もったいない〟からくる知恵だと思うよ」と言われました。ものも情報もない時代の先人の知恵には、ただただ脱帽です。そして、改良された製法で復活させることができた「桜島灰干し」を、先人に恥じないようにずっと伝えていきたい。それが私の活力の源になっているのです。

鹿児島中央駅で発売した「桜島灰干し弁当」は、2014年の「九州駅弁グランプリ」の決勝大会で準優勝となった。

あとがき

私が日本料理の世界に入って32年、その間、常に「この人のようになりたい」と考え続けていた人がいます。私にとっての日本料理の師匠であり、親父のようでもあり、神様のようでもある、四條流庖丁道庖丁師の松下学先生です。少しでも先生の領域に近づきたいと、32年間、諸先輩方から教わってきたことや自分で学んできたことを、この本にはすべて詰め込みました。

以前から、講演を聞いて下さった方に「本は出さないのですか?」と質問されていました。私もいつか本にしたいと考えていたところ、4年前に文筆家の稲垣麻由美さんと出会ったのをきっかけに、三才ブックスの神浦高志さんとご縁がつながり、一凛堂の上條悦子さんにもご協力頂き、1冊の本としてまとめることができたのです。

これまで出会った方々のおかげさまで、満足のゆく本になりました。みなさまに、心より感謝いたします。

椰木春幸

フランスで大人気の日本料理教室

2020年9月1日　第1刷発行

定価（本体1,500円＋税）

著者　棚木春幸
協力　稲垣麻由美／上條悦子

装丁・DTP　二ノ宮 匡
イラスト　山本和香奈

発行人　塩見正孝
編集人　神浦高志
販売営業　小川仙丈／中村　崇／神浦絢子
印刷・製本　図書印刷株式会社

発行　株式会社三才ブックス
〒101-0041
東京都千代田区神田須田町2-6-5 OS'85ビル3F
TEL：03-3255-7995　FAX：03-5298-3520
https://www.sansaibooks.co.jp/